KB167259

한국예술의 큰 별

동랑 유치진

차례
Contents

03유치진의 삶 37유치진이 이룬 업적 55유치진의 사람들
75유치진에 대한 일화 86유치진에 대한 비판의 목소리 100
유치진에 대한 평가

유치진의 삶

동랑의 출생

동랑(東朗) 유치진은 1905년 11월 19일, 경상남도 통영에서 태어났다. 동랑이 태어난 1905년은 구한말의 풍운이 몰아치던 시기다. 동랑은 바로 이러한 위태로운 시기에 한 시골 촌부의 몸에 잉태된 것이다. 동랑은 늘 자신의 삶 속에서 막연한 공포를 느껴왔는데, 그것은 출생 당시의 '시대적 공포' 때문이라 했다.

동랑의 선조들은 대대로 둔덕골에서 살았다. 동랑의 아버지 유준수(柳俊秀)는 농사짓기보다 한서 읽기를 더 좋아하는 서생이었고, 어머니 박우수(朴又秀)는 넉넉한 집안의 막내딸이었다. 동랑의 아버지는 농사일을 하면서 틈틈이 『동의보감』을 비롯한 한·의학서를 탐독했다. 오래전부터 한의사로서의 직업 전환을 꿈꾼 것이다. 특히 한문학을 좋아했던 동랑의 아버지는 결국 농촌생활을 견디지 못하고, 일제강점기가 시작되던 1910년 가족을 이끌고 통영읍으로 이사했다. 동랑이 다섯 살 되던 해였다.

동랑은 5남 3녀 중 첫째 아들로 태어났는데, 그의 형제는 차남인 청마 유치환을 비롯해 삼남 유치상, 사남 유치현, 오남 유치담, 장녀 유치표, 차녀 유치열, 삼녀 유치선이다.[1]

유년 시절

동랑의 아버지는 통영 장터에 한약방을 차렸고, 사람들은 동랑의 집을 '유약국'이라 불렀다. 한약방에 찾아오는 사람들은 대부분 가난에 찌든 어민이나 소작농이었다. 동랑은 이들을 보면서 예전에는 몰랐던 '가난한 삶'을 마음속으로 느끼기 시작했다.

어렸을 때 동랑은 아버지의 권유로 서당에 다녔다. 서당 훈장은 항상 회초리를 옆에 놓고 천자문을 가르칠 정도로 매우 엄격하고 무서웠다. 덕분에 동랑은 어려운 한자를 외울 수 있었고, 4년 동안 여러 권의 책을 뗄 수 있었다.

동랑은 장남으로 태어나 귀여움을 많이 받았지만 심신이 허약한 편이었다. 한번은 보통학교(지금의 초등학교) 자연시간에 담임선생님이 지진과 해일에 대해 설명한 적이 있었다. 땅이 흔들리고 바다가 넘친다는 이야기를 처음 들은 어린 동랑은 한동안 해일이 무서워 바닷가에도 나가지 못했고, 지진이 무서워 산등성이에도 올라가지 못했다. 당시 동랑의 나이 열 살이었다. 동랑은 키만 클 뿐, 마르고 긴 다리는 언제나 힘이 없어 친구들은 그를 '기린'이라 놀려댔다. 병치레도 잦아 걸 핏하면 감기, 소화불량, 배탈, 설사 등에 걸렸다. 그래서 그런지 동랑은 어린 나이에도 불구하고 죽음에 대해 자주 생각했고, 죽음의 강박관념 같은 것도 갖게 되었다.

동랑은 열네 살에 보통학교를 졸업했다. 나이가 많았던 동랑의 친구들은 순사나 면서기, 대서소, 포목집 등에 취직했지만 신학문에 눈을 뜬 동랑은 큰 도시로 올라가 공부하고 싶었다. 그러나 아버지는 "기술을 배워 자기 앞가림이나 하라"고 하며 취직을 권했다. 우체국에 취직된 동랑은 부산 체신기술원양성소에서 연수를 받았다. 그곳에서 동랑은 기본법규와 전보 치는 법, 전보 받는 법, 우표를 팔고 붙이는 일, 청소하는 일 등을 배우고, 실습 후 곧바로 통영우체국에서 일하게 되었다. 우체국은 통영의 중심부인 장터에 자리 잡고 있어서 창밖으로 아는 얼굴들이 자주 지나갔다. 종종 외지로 유학 간 동창생들이 흰 테 두른 모자를 쓰고 동랑에게 손을 흔들어 보이곤 했는데, 그 모습이 너무 멋있어 보여 그럴 때마다 동랑의 마음을 흔들었다. 며칠을 궁리한 끝에 동랑은 아버지에게 공부를 더 하고 싶다 간청했지만 아버지는 꿈쩍도 하지 않았다.

그러던 어느 날, 동랑의 삶에 전환점이 되는 사건이 일어났다. 3·1운동이었다. 횃불을 들고 만세를 부르던 많은 사람들 중 동랑의 보통학교 동창생이 왜경에 체포되어 고문을 당하고 옥사한 사건이 발생했다. 친구의 시체가 배에 실려 오던 날, 시장 상인, 어부, 부녀자, 농민 할 것 없이 모두가 봉기하였고, 열다섯 살이었던 동랑은 민족 감정을 느끼기 시작했다. 변화는 그의 아버지에게도 일어났다. 아버지가 동랑을 일본으로 유학 보내기 위해 준비하고 있던 것이다. 1920년 가을, 열여섯 살이었던 동랑은 일본 유학길에 오른다. 유학을 떠난다는 것은 동랑의 꿈이며 희망이었지만 왠지 모르게 불안하고 두려웠다. 동랑은 부산에서 관부 연락선을 타고 일본 시모노세키를 경유해 동경에 도착했다.

일본 유학 시절

동경에 도착한 그는 곧바로 일본어를 공부했다. 그리고 도야마(豊山) 중학교(현재의 일본대 부속중학교)로 편입했다. 동랑은 이때 많은 책을 읽었는데 내성적이고 낙관적이지 못한 성격 탓에 비관적 성향의 철학책을 많이 읽었고, 특히 쇼펜하우어와 니체의 책을 즐겨 읽었다.

동랑이 중학교에 편입한 지 1년 뒤 동생 청마 유치환과 유치상도 동경으로 유학을 왔고, 삼형제가 도야마 중학교에서 함께 공부를 했다. 동랑은 철학과 문학에 심취했고, 방학 때

일본 도야마 중학교 재직 시절의 동랑

는 같은 통영 출신으로 함께 유학 중인 문학청년들과 만든 친목회 '토성회(土聲會)' 활동을 하면서 문학도의 꿈을 키웠다.[2] 그러다 동랑의 인생관을 크게 변화시킨 사건이 일어났다. 1923년 9월 1일 오전 11시 58분에 발생한 진도 7.9의 간토(關東) 대지진이었다. 지진의 여파는 바로 대화재로 이어졌고, 도쿄와 요코하마를 비롯한 간토 일대가 궤멸되다시피 했다. 사망자와 행방불명자가 14만 명에 이르렀고, 이재민이 340만 명에 달하는 엄청난 재난이었다. 도쿄 도심에서는 불길과 연기가 솟아올랐다.

지진 다음날 발족한 새로운 내각은 흉흉해진 민심을 잡기 위해 조선인을 희생양으로 삼았다. '일본인들을 살해하기 위해 조선인들이 우물에 독약을 넣었다'고 말을 퍼뜨린 것이다. 거짓 소문에 의해 조직된 일본인 자경단(自警團)은 조선인을 학살하기 시작했다. 일본인들은 총과 칼, 죽창 같은 살상무기를 들고 닥치는 대로 조선인을 죽였다. 이때 일본인에 의해 살해당한 조선인의 숫자만 해도 1만 명이 넘었다.

동랑은 인간 내면에 잠재된 수성(獸性)에 치를 떨었다. 태어나면서 그에게 드리워진 어두운 그림자는 대지진을 겪고 나서 더 깊어졌으며, 쇼펜하우어의 현실 기피와 비관주의로부터 적극적이고 행동적인 현실 부정으로 변화되어 갔다. 동랑은 변화의 원동력을 아나키즘(무정부주의)에서 찾았다. 당시 일본에서는 사회주의와 아나키즘에 관한 글과 책이 젊은 지식인층에서 널리 읽히고 있었다.

도야마 중학교를 졸업한 동랑은 사학 명문인 게이오(慶應) 대학 의예과에 응시했다 떨어지고, 이듬해 릿쿄(立敎) 대학 영문과에 입학했다. 릿쿄 대학은 규모가 작아 수도원처럼 조용하고 적막했기 때문에 동랑은 학교에 취미를 붙이지 못하고 극장과 책방을 오갔다. 그러다 책방에서 로맹 롤랑(Romain Rolland)의 글을 만나 매우 구체적이며 현실적인 그의 『민중예술론』에 빠져들었다.

로맹 롤랑의 『민중예술론』은 조국을 위해 일해야겠다는 동랑의 막연한 생각에 구체적 방향을 제시해 주었고, 인생의 지표가 되었다. 그때부터 동랑은 일생 동안 연극을 하기로 결심한다. 연극으로 민족계몽 운동을 해 일본과 싸울 각오를 한 것이다. 이후 동랑은 대학 생활은 거의 포기한 채 극장만 찾아다니며 연극 공부에 빠져들었다. 동랑은 안톤 체호프(Anton Chekhov)와 셰익스피어의 희곡을 읽었고, 스타니슬라브스키(Constantin Stanislavski)의 『배우론』도 읽었다. 그러면서 연극이 사회와 인생을 가장 진실하게 표현할 수 있는 강력한 무기라는 사실을 깨달았다.

동랑은 극단에 들어가 본격적으로 연극을 공부하기로 결심했다. 당시 동경에는 대학생들이 조직한 '근대극장(近代劇場)'이라는 아마추어 극단이 있었다. 동랑은 그곳에서 처음 무대에 섰으며, 고골리(Nikolaj Vasil'evich Gogol)의 『검찰관』과 『공기만두(空氣饅頭)』에 단역으로 출연했다. 그러나 근대극장의 수준 낮은 공연에 실망한 그는 아나키스트들의 극단인 '해방극장(解放劇場)'에 가입했다. 그리고 그곳에서 아나키스트로 저항하다 처형당하는 연극에 단역으로 출연했다. 그 연극은 일본 신극의 요람인 쓰키지(築地) 소극장에서 공연되었다. 동랑은 '학우연맹(學友聯盟)'이라는 아나키즘 성향의 한인학생단체에 가입해 활동하기도 했다.[3]

힘들고 어두웠던 청년 시절, 동랑은 스스로 '난각(亂角)'이라는 호를 붙였다. '아무데나 치받는 뿔'이란 의미였다. 대학을 졸업한 후에도 동랑은 여기저기 치받듯 바삐 돌아다녔다. 이에 대해 연극평론가 유민영은 '난각'이라는 호를 아나키즘의 영향에서 나온 것으로 풀이했다.[4] 한편 '동랑'이라는 호는 유치진이 전국문화단체총연합회 부회장에 선출됐을 때 초대 위원장으로 선임된 춘곡 고희동 선생이 지어 주었다.[5] 동랑은 "나는 생애 전반은 '난각'으로, 후반은 '동랑'이란 호의 의미로 살아온 것 같다"고 술회한 바 있다.

그 후 동랑은 다시 대학 강의실로 돌아왔는데, 아나키스트 작품에 관심을 갖다 보니 자연스럽게 오랜 세월 영국의 식민지 지배를 받으며 민족적 수치와 고통을 겪은 아일랜드의 연극에 마음을 쏟았다. 그때 동랑은 운명적으로 숀 오케이시

(Sean O'Casey)를 만나게 된다. 가난한 동포에 대한 그의 뜨거운 사랑과 울분은 동랑에게 깊은 공감을 주었다. 동랑은 극작가가 되기로 결심했다. 결국 동랑은 릿쿄 대학 졸업 논문으로 '숀 오케이시 연구'를 발표하고, 5년 만에 대학을 졸업했다.

신극 운동

동랑은 일본에서 꿈꿔온 연극의 브나로드 운동인 '행장극장(行裝劇場) 운동'을 펼쳐나가기 위해 서둘러 귀국했으나 의외로 소극적인 반응에 곧 뜻을 접었다. 대신 자신과 생각이 비슷한 동지들을 만나 의견을 모으기 시작했다.

동랑을 비롯한 일본 유학생 출신인 홍해성과 윤백남, 서항석, 이헌구 등은 '극영동호회(劇映同好會)'를 만들어 동아일보사에서 연극영화전람회를 개최했다.[6] 연극 운동에 뜻이 있는 신인들에게 자극제가 되기를 바라는 생각에서였다. 전람회는 대중들에게 연극영화에 대한 인식을 높였다. 극영동호회는 전시회에서 용기를 얻자 모임을 해산하고, 새로운 신극단체인 '극예술연구회(劇藝術研究會)'를 발족시켰다. 창립총회는 해외문학파가 주축이 되었다. 극예술연구회는 '극예술에 대한 일반의 이해와 우리 신극 수립을 위해 기성극단 사도(邪道)의 흐름을 구제하는 동시에 나아가서는 진정한 의미의 우리 극단을 수립하는 것'을 골자로 출범성명을 발표했다. 동랑은 극예술연구회 활동을 하면서 바빠지기 시작했다. 그는 또 경성

미술학교 영어교사로도 활동했으며 학교와 연극단체에서 일하고, 신문과 잡지에 원고를 기고하는 등 동분서주했다.

극예술연구회의 연극 운동은 나날이 명성을 얻었지만 연극을 직업으로 삼고 싶어 하는 연기자들에게는 '그림의 떡'일 뿐이었다. 1년을 버틴 연기자 중 대부분은 직업극단을 찾아가거나 아니면 아예 업종을 전환하기 위해 떠났다. 극예술연구회는 신입회원을 늘리기 위한 방편으로 '동인제'를 '회원제'로 바꿨다. 그러자 이무영, 김광섭, 박용철, 모윤숙 등 쟁쟁한 작가들이 들어왔다. 그리고 극예술연구회 직속으로 두었던 '실험무대(實驗舞臺)'를 없애고, 직접 '극예술연구회'란 이름으로 공연을 갖기도 했다. 또 찬조회원제를 도입해 이때 이선근, 이희승, 김상용, 현제명, 변영로, 김동인, 황신덕, 정지용 등이 가입했다. 당시 최고의 지성인이었던 이들의 가입으로 극예술연구회는 단순한 연극단체가 아니라 민족운동단체였음을 간접적으로 증명할 수 있게 되었다. 극예술연구회는 동랑의 처녀작인 『토막』, 안톤 체호프의 『기념제(記念祭)』, 카이저의 『우정』, 버나드 쇼의 『무기와 인간』 등의 작품을 무대에 올렸다.

이후 동랑은 극예술연구회 동지들의 권유로 연출 공부를 위해 다시 일본으로 건너갔다. 일본에서 귀국한 지 3년 만의 일이었다. 당시 동경에는 연극과 영화, 문학을 공부하고 있던 김동원(일본대 예술과), 이해랑(일본대 예술과), 이진순(일본대 예술과), 주영섭(법정대 법학과), 황순원(와세다대 영문과) 등의 유학생들이 있었다. 동랑은 '조선의 민족의식을 일깨우고 신극문화를 만들어 나간다'는 모토로 이들과 함께 아마추어 단체인 '동경학생예술좌(東京學生藝術座)'를 출범시켰다. 그리고 쓰키지 소극장에서 동랑의 『소』와 주영섭의 『나루』를 창립공연작품으로 선보였다.

동경학생예술좌는 첫 공연에서 얻은 자신감으로 동랑의 『춘향전』을 2회 공연으로 올렸는데 관객들로부터 큰 호응을 얻어 일본 내 한국인들의 구심점 역할을 하게 되었다.[7] 동랑은 유학 중인 연극 지망생들의 대부 노릇을 했고, 유학생들을 뒷받침하는 데 혼신의 노력을 다했다.

반려자를 만나다

동랑이 경성미술학교 영어 교사로 재직한 지 1년 후 여교사 한 사람이 부임했다. 숙명여학교를 졸업하고 이화여전(梨花女專)을 다니다 동경여자미술학교를 졸업한 신여성이었다. 그녀가 바로 동랑의 평생 반려자가 된 심재순(沈載淳)이다. 심재순은 고종 임금의 내외종 사촌인 심상훈 판서의 손녀이며 참정대신을 지낸 한규설 대감의 외손녀였다. 심재순에 대한 동랑의 첫 느낌은 이렇다.

몸은 체질적으로 나약해 보였으나 눈에 총기가 가득하고, 명랑했지만 또 어딘가 교만해 보이기도 했다. 남에게 항상 친절하고 호의적이면서도 어딘가 도도해 남성이 범접하긴 어려운 여자였다. 옷은 항상 유행의 첨단을 걸었고 새침해서 당시 장안에서는 좀처럼 만나기 어려운 신여성이었다. 심한 바람이라도 불면 날아갈 것 같은 가녀린 몸매와 정결 고고한 자태로 남자라면 누구나 보호 본능이 솟아날 수밖에 없는 그런 여성이었다.[8]

동랑은 영어를 가르쳤고, 심재순은 미술을 가르쳤다. 심재순은 문화계의 젊은 지식인들이 많이 드나드는 프라타나(플라타너스) 다방에 모윤숙, 노천명, 김수임 등의 친구들과 자주 들렀다. 동랑은 심재순과 이야기를 하는 가운데 심재순의 관심 분야가 연극과 영화라는 사실을 알게 되었다.

이후 심재순은 미술공부를 더 하기 위해 일본으로 떠났는데, 극예술연구회의 요청으로 일본에서 연출 공부를 하고 있던 동랑은 도쿄에서 심재순을 만난다. 그리고 함께 열심히 연극과 영화를 구경했다. 그러다 동랑은 타지에서 몸져눕게 된 심재순을 정성껏 간병했고, 심재순은 그런 동랑을 의지하면서 사랑을 키웠다. 일본에서 귀국한 동랑과 심재순은 강원도 금강산에서 결혼식을 올렸다. 동랑은 비로소 정신적으로 안정을 찾았고 경제적으로도 윤택해졌다. 동랑은 심재순을 위해 더욱 열심히 작품을 쓰고 연출도 하겠노라 결심했다.

시련의 시간

필화 사건과 예술관의 변화

어느 날 형사들이 동랑의 집으로 들이닥쳤다. 그리고는 동랑을 종로경찰서로 연행해 갔다. 동랑을 학생예술좌의 배후 인물로 지목했기 때문이었다. 실제로 동랑은 학생예술좌 단원들을 지도했다. 형사들은『소』라는 작품이 전형적인 사회주의 선동극이므로 그 배후를 대라고 했다. 하지만『소』는 공산주의 사상이 깃든 작품이 아니라 우리나라 농촌의 붕괴와 농민의 몰락을 묘사한 농촌극이었기 때문에 동랑은 이를 부정할 수밖에 없었다. 그러나 부정할수록 가혹한 고문이 이어졌다. 당시 고문의 고통을 동랑은 이렇게 기억했다.

석방된 나는 우선 몸이 골병 든 처지였다. 고문의 후유증은 육체적으로는 불치의 신경통이라는 고질병을 안겨주었고, 정신적으로는 황폐할 정도여서 나로 하여금 모멸감을 갖도록 해줌과 동시에 잃어버렸던 유년 시절의 공포를 다시 불러일으켰다. 그러니까 내 심연에 잠재되었던 막연한 공포감이 육체적 고통을 통해 환생한 것이다. 나는 그때부터 사람, 사회 모두가 무서웠다.[9]

그때부터 동랑은 필법을 달리하기 시작했다. 평론가 최재서가 제시한 '풍자문학론'을 따른 것이다. 풍자문학론이란 작가가 현실을 정면으로 공격할 수 없어 다른 수단을 찾아 표현하는 것을 말한다. 동랑은 곧바로 『춘향전』을 각색했다.

다행히 심재순의 적극적인 내조로 생활은 안정되었고, 서울 종로구 사직동에 스페인식 집도 새로 지었다. 게다가 첫딸 유인형(仁馨)이 태어나 행복한 삶은 계속되었다. 행복한 삶을 살다 보니 그동안 사숙(私淑)했던 숀 오케이시의 작품보다는 대학시절에 그냥 지나친 셰익스피어와 몰리에르, 쉴러 등의 작품을 가까이 했다. 삶에 밀착하는 작품보다는 삶을 관조하는 작품을 쓰고 싶었던 것이다. 동랑은 예술이 환상인 것처럼 연극도 대중들에게 아름다운 꿈을 주어야 한다는 생각을 굳게 가졌다. 그래서 만든 작품이 역사에 로맨티시즘을 투영한 『개골산(마의태자)』이었다.

극예술연구회의 해체

연구부와 실천부를 중심으로 활동하던 극예술연구회 내부에서는 심각한 갈등이 있었다. 실천부는 연구부(해외문학파)가 실제 공연 활동에 아무런 역할을 하지 않는데도 극예술연구회의 주도권을 가지고 있는 데 대해 불만을 가지고 있던 것이다. 결국 실천부원들은 극예술연구회를 탈퇴했다.[10] 극예술연구회는 창립 5주년을 맞이해 문화운동과 직업연극의 조화를 추구했다. 그리고 창립 5주년을 맞이해 톨스토이의 『부활』을 무대에 올렸으나 결과는 참담했다. 『부활』과 같은 작품을 저질 흥행극으로 공연했기 때문이었다. 한편 동아일보가 주최한 연극 경연대회에서는 슈니츨러(Arthur Schnitzler)의 『눈먼 동생』으로 대상을 받았는데, 그 작품은 동랑이 번안한 것이었다. 그때 동랑의 둘째인 덕형(德馨)이 태어났다.

경기도 경찰국에서는 극예술연구회의 기관지인 「극예술」을 폐간시키고, 극예술연구회의 명칭도 '연구회'를 뗀 '극연좌(劇硏座)'로 바꾸라 협박했다. '연구회'가 불온사상의 표상이므로 전문극단답게 '좌(座)'로 바꾸라는 것이었다. 극예술연구회에 지식인 회원들이 모여 있음을 알고 이를 해산시키려는 속셈이었다. 결국 극예술연구회는 해산되었고, 명칭도 '극연좌'로 바뀌었다.

극연좌의 대표는 동랑이 맡았다. 마침 도쿄 유학에서 돌아온 이해랑, 김동원, 이진순이 극단에 합류했다. 극연좌는 개편한지 1년 만에 연극전문극단으로 자리를 잡았다. 그때 동랑의 셋째인 세형(世馨)이 태어났다. 동랑은 자신감이 붙기 시작했다. 그러나 경찰서로부터 갑자기 극단 해산 명령이 떨어졌다. 일제가 사회문화단체를 모조리 없애기 시작한 것이다. 그리하여 극예술연구회의 역사는 막을 내리게 되었다.

암흑의 친체제 연극

일제는 연극통제기관인 '조선연극협회'를 결성해 연극인과 연극 활동을 통제했다. 우리 연극사에서 이즈음부터 해방 전까지가 이른바 '국민연극'이라는 이름 아래 친일연극이 가장 왕성하게 전개되던 때다. 일제는 '조선연극협회'와 '조선연예

협회'의 통합단체인 '조선연극문화협회'를 발족시켜 문화 신체제 구축을 위한 발판으로 삼았다.[11]

조선총독부에서는 동랑에게 극단을 만들라 협박했고, 동랑이 이를 거절하자 경찰서로 연행하여 일주일 동안 심문했다. 연극 동지들은 동랑에게 연극을 다시 시작하자고 재촉했다. 동랑은 연극 인재를 양성하겠다는 결심으로 극단을 조직했다. 그래서 국민연극을 내세운 '현대극장'이 탄생했다. 현대극장은 극예술연구회와 동경학생예술좌 그리고 토월회, 일부 상업극단, 영화인들로 구성되어 마치 예술계 전반의 대동단결로 보일 만큼 각양각태의 인물들이 망라되었다.[12]

동랑은 극단의 창립공연작품인 『흑룡강(黑龍江)』을 완성했다. 이 작품은 우리 민족의 웅혼(雄渾)한 대륙 기질에 역동적인 박진감을 살렸으며 낭만을 추구한 작품이었다. 그러나 결국 일본의 '분촌(分村)정책'을 합리화한 작품이 되고 말았다. 동랑은 심한 자괴감과 수치심으로 괴로워했다.

조선총독부는 대동아전쟁의 승리를 위해 현대극장에게 '이동연극대'를 만들라 명령했다. 이동연극대는 전국 농어촌을 순회 공연하면서 친체제 의식을 고취시키는 것이 목적이었다. 동랑은 공연작품으로 『북진대(北進隊)』를 완성했다. 이용구(李容九)의 친일 이야기인 『북진대』는 동랑이 생애에서 가장 수치스럽게 생각한 작품이었다. 이후 다시 셰익스피어의 『로미오와 줄리엣』을 한국판으로 각색한 『대추나무』를 집필했다. 동랑은 대추나무를 사이에 둔 두 집안의 이야기인 『대추나무』를 통해 우리 민족의 개척 정신을 표현하려 했다. 그러나 이 작품 역시 친체제 연극으로 해석되었다. 결국 동랑은 현대극단을 운영하면서 친체제 연극 세 편을 완성하고 깊은 자괴감에 빠졌다. 이 일로 인해 동랑은 많은 심적 고통을 받았으며 눈물도 많이 흘렸다. 동랑에게 이 시기는 방황기이자 혼란기였고 암흑기이자 체념기였다.

태평양 전쟁이 말기에 접어든 1945년 8월 무렵, 동랑은 현대극장을 이끌고 스칼라극장에서 희곡 『산비둘기』를 무대에 올리기 위해 마지막 땀을 흘리고 있었다. 그러다 공연 3일째 되던 8월 15일, 역사적인 민족 해방의 날을 맞게 된다.

해방 이후의 연극운동

동랑은 극예술연구회 이후 연극계를 주도해왔기 때문에 혼란기의 모든 책임을 혼자 짊어지기로 결심했다. 그래서 일체의 연극 활동에 나서지 않고 작품 구상에만 몰두했다. 동랑은 독립운동 이야기를 다룬 시대극을 쓰고 싶었다. 그래서 시작한 것이 3·1운동 이야기를 다룬 『조국』이었다. 그때 마침 좌익 연극인들이 목소리를 높이기 시작했다. 그들은 겉으로는 민주주의를 외쳤지만 실제로는 사회주의를 이상으로 삼고 있었다. 연극계는 좌익 연극인들의 정치이데올로기 목적극과 저질 상업극으로 혼탁하기 그지없었다. 이해랑은 동랑의 갈월동 집을 자주 찾아와 연극 일선에 다시 나서줄 것을 요청했다. 동랑은 일제에 의해 강제로 해산된 극예술연구회의 재건을 생각해냈고, 동지들과 함께 '연극 브나로드운동 실천위원회'라는 모임을 발족시켰다. 그리하여 애국심에 불타는 사람들을 모아 대도시와 소도시, 시골 등을 대상으로 전 방위적인 연극 브나로드운동을 전개했다.

이해랑, 김동원 등이 '조선연예문화사(朝鮮演藝文化社)'를 조직해 산하에 무용단과 극예술단을 두었는데, 동랑은 이 단체의 고문으로 추대되었다. 이해랑은 동랑에게 극예술단에서 공연할 작품을 요청했다. 동랑은 이해랑을 굳게 믿었기 때문에 해방 이후 칩거하면서 집필한 『조국』을 넘겨주었다. 좌익 연극인들이 판을 치고 있었기 때문에 우익 연극작품은 무대에 올릴 수 있는 상황이 아니었다. 천신만고 끝에 국제극장에서 『조국』이 무대에 올랐다. 동랑은 그 기쁨을 다음과 같이 표현했다.

해방 이후 내 작품이 처음으로 무대에 올라가는 감격은 무어라 표현할 길이 없었다. 일제 말엽 치욕스런 국책극을 하는 가운데 1942년 『북진대』를 공연한 뒤 자못 5년여 만에 정말 내가 하고 싶은 주제의 작품을 무대에 올렸다는 사실에 감격하지 않을 수 없었다. 마치 매미가 여름을 만나 한 꺼풀을 벗듯 치욕의 허물을 벗는 기분이었다. 나는 며칠 동안 밤잠을 제대로 이루지 못했다.[13]

후에 극예술단은 '극예술협회(劇藝術協會)'로 개칭됐고, 동랑은 극예술협회의 실질적인 주도 역할을 했다. 극예술협회는 동랑의 『자명고(自鳴鼓)』를 창립작품으로 결정했다. 『자명고』는 한사군 때 낙랑의 신고(神鼓)를 소재로 삼은 것으로 이때 동랑은 연출까지 맡았다. 해방 이후 처음으로 연출을 맡은 것이다. 배역으로는 김동원이 호동왕자를, 김선영이 낙랑공주를, 이해랑은 한나라 장군인 장초 역을 맡았다. 극예술협회의 창립공연은 대성공을 거두었다. 다음 두 번째 공연 작품은 동랑이 일제 치하에서 집필하고 성공을 거둔 『마의태자』였다. 주인공 태자 역할을 맡은 김동원은 『마의태자』에 대해 다음과 같이 자신의 생각을 표현했다.

흔히 극작가로서 유치진 선생의 대표작을 말할 때 『소』가 꼽히지만 사실 연극인들 사이에서는 『마의태자』가 더 아낌을 받고 있으며 '동양의 햄릿'으로도 비유된다. 특히 이 작품의 정수는 예스러운 우리말 대사의 세련된 아름다움이다. 대사 하나하나가 구슬을 꿴 듯 영롱한 여운을 남기며 연기에 들어가면 내 자신이 마치 역사의 현장에서 신화의 주인공이라도 된 것 같이 착각할 만큼 흡인력을 지닌 작품이었다.[14]

동랑은 극예술협회를 비롯한 12개 연극단체를 모아 '전국연극예술협회'를 조직하고 초대 이사장으로 추대되었다. 협회는 '순수 연극문화의 수립, 상업주의 연극의 지양' 등을 강령으로 내걸고, 좌익 연극을 완전히 추방하는 데 목표를 두었다. 아울러 협회는 '한국무대예술원(韓國舞臺藝術院)'으로 이름을 바꾸고 동랑이 원장에 취임했다. 무대예술원은 좌익 진영의 '조선연극동맹'에 대항하는 우익 민족진영 연극의 총집결체였다.

한국무대예술원은 민족진영 연극계를 주도해 '전국연극경연대회'를 개최했다. 이 첫 번째 대회에는 극단 10개가 참가해 작품을 올렸는데, 좌익 연극을 완전히 몰락시키는 데 결정적 역할을 했다. 또 한국무대예술원은 극협, 가극협, 국악협, 무용가협, 음악가협 등 산하 5개 단체와 함께 '무대예술대회'를 개최했다. 이 대회는 정부 수립을 계기로 무대예술인의 민족정신 앙양과 함께 무대예술의 발전을 도모하자는 데 근본취지가 있었다. 동랑은 이 모든 일을 주도했다. 이후 동랑은 대학에서 훌륭한 인재를 발굴하기 위해 숙명여대를 비롯해 몇몇 대학에서 연극론을 강의했다. 또 이 땅에 연극을 뿌리내리기 위해 '연극학회'를 창립했다. 연극학회는 '전국대학연극경연대회'를 개최해 훌륭한 인재들을 많이 배출했다.

국립극장 개관

동랑은 신정부에 국립극장 설립을 강력히 건의했다. 신정부에서는 극장 설립을 긍정적으로 검토해 '부민관(현 서울시 의회)'이 국립극장으로 결정되었다. 동랑은 초대 국립극장장으로 임명되었다. 동랑은 국립극장장으로서 운영방침을 발표했고, 국립극장 산하의 전속극단으로 신극협의회(新協)와 극협(劇協)을 두었다. 두 개의 단체를 둔 것은 상호 경쟁해 예술적 성과를 올리기 위해서였다. 또 전속극단에 이어 창극단체인 국극사(國劇社)와 교향악단, 오페라단, 무용단도 만들었다. 국립극장 개관 공연작품은 동랑의 『원술랑』이었는데, 당시 최고의 배역진으로 역사적인 개관공연을 올렸고 공연은 대성공이었다.[15]

연극인들은 신이 났다. 다음 작품으로 창극 『만리장성』과 현제명의 창작 오페라 『춘향전』 그리고 발레를 연속해 올렸다. 관객은 연일 폭발적으로 몰려들었다. 광화문 네거리와 덕수궁 앞까지 두 줄로 늘어설 정도였다. 국립극장은 한국 공연예술의 메카가 되었다. 국립극장의 다음 연극 작품은 번역극 『뇌우(雷雨)』로 정해졌고, 동랑이 직접 연출을 맡았다. 두 번째 공연도 폭발적인 반응을 얻어 첫 번째 작품인 『원술랑』을 뛰어 넘었다. 당시 표를 사려는 사람들이 정동까지 늘어설 정도였으며 연극 공연 역사상 신기록을 수립했다. 그런데 그때 6·25전쟁이 발발했다.

6·25전쟁

동랑은 국립극장을 팽개친 채 피난가고 싶지 않았다. 아내 심재순은 혼자서라도 한강을 넘어가라 했으나 반공주의자로

찍혀 가족들이 보복 당할 것이 확실하므로 권유를 물리쳤다. 하지만 결국 동랑은 아내의 간절한 요청을 받아들여 한강변으로 갔다. 다리는 폭격으로 이미 끊어져 있어 동랑은 삼각지에서 친척이 운영하는 민중병원 다락방에 몸을 숨겼다. 그곳에서 대포와 기관총, 소총 소리를 들으며 하루하루를 보냈다. 그 무덥고 긴 여름날, 동랑은 답답한 다락방에서 전쟁이 끝나기를 한없이 기다렸다.

드디어 서울이 수복되자 동랑은 국립극장으로 달려갔다. 피난 갔던 연기자들도 다시 집결해 이때 이해랑, 장민호, 황정순, 김동원, 김승호, 최무룡 등이 모였다. 국립극장 극단은 서울 수복 첫 번째 작품으로 김영수의 『혈맥(血脈)』을 공연했다. 하지만 곧이어 중공군이 참전했고, 동랑의 가족은 남쪽으로 피난을 떠났다. 부산 피난 기간 동안 동랑에게 가장 고통스

아내 심재순과 큰아들, 둘째 아들

러웠던 것은 제대로 먹지 못해 가족들이 병이 난 것이었다. 동랑은 만성 맹장염을, 딸은 폐렴을, 큰 아들은 늑막염을, 막내는 심장병을 앓았다. 하지만 그 와중에도 동랑은 작품을 썼다. 『순동이』『처용의 노래』『청춘은 조국과 더불어』『가야금』『장벽』『통곡』등을 이때 집필했다.

동랑은 피난지 부산에서 전국문화단체총연합회(文總) 부위원장을 맡았다. 그때 동랑에게 방송국장 제의도 들어왔으나 아내 심재순이 크게 반대했다. 예술가는 예술가여야 한다는 것이었다. 동랑은 아내의 말을 듣고 예술가의 지조를 끝까지 지켰다. 피난 기간이 더 길어지자 동랑은 가족을 고향 통영으로 보냈다가 다시 자녀들만 제주도로 보냈다.

이때 신극협의회는 이해랑의 주도로 부산과 대구 등에서 공연활동을 벌이고 있었다. 이해랑은 동랑에게 셰익스피어의 『오델로』 연출을 부탁했고, 공연은 대성공이었다. 전쟁통에 피난지에서 셰익스피어의 연극이 대성황을 이루었다는 것은 연극사에서 주목받을 일이었다. 그러던 중 전쟁이 끝나 동랑은 2년 반 만에 갈월동에 돌아왔으나 살던 집은 이미 폐가가 되어 있었고, 연극 기반시설들도 대부분 파괴되어 있었다. 다행히 신극협의회는 동랑보다 먼저 귀환해 두 번 정도 공연을 올린 상황이었다.

세계연극기행

동랑은 록펠러 재단의 인문사업 과장 파스 박사(Dr. Faths)를 두 번 만났다. 한 번은 국립극장 개관 때 만났고, 또 한 번은 부산 피난 시절 파스 박사가 전쟁을 겪은 한국에게 무엇을 원조해 줄 것인지 살펴보러 왔을 때 만났다. 그때 파스 박사는 동랑에게 미국 유학이나 해외 시찰을 권유했고, 이것이 미

동랑 유치진
(일본 동경 라디오방송국 스튜디오, 1956)

국을 시찰하게 된 계기가 되었다. 그 이후에도 록펠러 재단에서 파견한 사람들이 동랑을 찾아와 미국 여행을 권하곤 했다. 동랑은 결국 록펠러 재단의 미국 여행 제의를 수락했다. 이때 동랑은 1년여 가까이 세계 각국의 연극계를 시찰한다. 미국에서 7개월, 영국과 프랑스에서 각 2개월, 그리고 기타 1개월 정도의 일정이었다.[16]

첫 번째 여행은 일본 도쿄를 거쳐 미국 하와이와 샌프란시스코, 블루밍턴을 거쳐 뉴욕으로 이동하는 코스였다. 블루밍턴에 가는 목적은 인디아나 대학에서 열리는 전국극예술회의를 참관하기 위해서였는데, 동랑은 그곳에서 영어로 연설을 했다. 천 명이 넘는 학생들과 교수들 그리고 연극관계자들이 동랑의 연설에 귀를 기울였다. 미국인들은 한국의 연극인이 '전쟁국가' 한국에 대해 이야기하는 것을 듣고 깊은 감동을 받아 뜨거운 격려를 보냈다.

뉴욕으로 가는 도중 동랑은 텍사스 베일러(Baylor) 대학을 방문했는데, 미국의 대학극장들이 연중무휴로 공연하는 것을 보고 적잖이 놀랐다. 동랑은 미국 대학이 연극학도들을 위해 대학극장에서 연중무휴로 공연하는 것은 마치 의과대학생들을 위해 부속병원을 운영하는 것과 다를 바 없다고 생각했다. 또 동랑은 캐나다 온타리오주 스트래트포드(Stratford)에서 열린 셰익스피어 축제를 관람했다. 그리고 뉴욕으로 돌아와 록펠러 재단의 스케줄에 맞춰 다양한 연극을 관람했다. 특히 코네티컷에서 셰익스피어 축전을 구경한 동랑은 셰익스피어 극장 부설기관인 셰익스피어 학원에서 셰익스피어 작품에 출연할 연기자를 교육하고 있는 모습이 무척 부러웠다. 동랑은 각 연극대학 학장들로 구성된 전국연극대회(National Theater Conference)의 연사로 초청되어 한국연극에 대해 다음과 같이 연설했다.

여러분! 이렇게 평화스럽고 행복한 나라에 살고 있는 여러분은 6·25전쟁의 참상이 어느 정도인지 상상조차 못할 것입니다. 그러나 우리 한국의 연극인들은 그러한 가운데서도 연극을 했습니다. 분장할 물자가 없어 가마솥 밑에서 검정을 긁어모아 얼굴에 바르고, 가발을 잃었기에 여자의 헌 양말과 털실로 가발을 만들어 썼습니다. …… 포탄이 쏟아지는 제일선 고지의 총 쏘는 군인들에게도 연극을 보여주었고, 집과 가족을 잃고 갈 바를 모르는 피난민들에게도 연극을 보여주었습니다. 이와 같이 불행한 처지에 있는 민족에게는 연극이 단지 하나의 오락일 수 없습니다. 연극은 삶의 희망을 잃고 인생을 포기해 자포자기에 빠진 인간에게 살아나갈 힘을 부어주는 한 봉지의 약이었습니다.[17]

록펠러 재단의 계속되는 후원으로 동랑은 또다시 유럽 여행의 기회를 갖게 되었다. 동랑은 숀 오케이시의 나라 아일랜드를 찾아 제일 먼저 더블린의 애비 극장을 방문했다. 애비 극장(Abbey Theatre)은 전통적으로 아일랜드 작가가 아일랜드 민중을 묘사한 작품만 공연하는 곳이었다. 이곳에서 동랑은 연극에 대한 새로운 용기와 자신감을 얻을 수 있었다. 아울러 동랑은 영국과 프랑스, 이탈리아, 스위스, 벨기에, 독일, 덴마크, 노르웨이, 핀란드, 터키, 파키스탄 등을 여행했으며 여행하는 국가마다 국립극장을 찾아가 연극을 관람했고, 국가별 극작가들의 흔적을 살폈다. 그러면서 동랑은 우리의 연극유산을 잘 보존하고 가꾸어야겠다는 결심을 했으며 우리 예술의 세계화를 꿈꿨다. 또 그동안 자신이 가진 공리주의적 연극관을 다시 깊이 생각하게 되었다. 연극은 저항의 방편이므로 극장은 인간 개조와 사회 비판의 선봉이 되어야 한다는 생각을 바꾸고, 예술의 오락적 가치를 새롭게 느낀 것이다.

동랑은 거의 1년여에 걸친 세계여행을 마치고 돌아왔다. 귀국하자마자 그는 영국의 요청으로 자신의 장막극 『나도 인간이 되련다』를 영국에 보냈는데, 놀랍게도 동랑의 작품이 영국의 월간지 「아담(ADAM)」에 실리게 된다. 더 놀라운 일은 영국의 연극평론가인 톰 그린웰(Tom Greenwell)이 동랑의 작품을 사르트르의 『네크라소프』나 카뮈의 『칼리굴라』와 대등한 작품이라 격찬한 것이다. 한국의 극작가가 세계적인 작가들과 어깨를 나란히 하게 된 순간이었다. 동랑은 이에 크게 고무되었다.

드라마센터 설립

동랑은 조선 시대를 지날 때까지 우리나라에 변변한 극장이 하나 없어 가면극과 인형극, 판소리 등의 고전극이 무대극 형태로 만들어지지 못했음을 매우 안타깝게 생각했다. 그리고 세계연극기행을 통해 초현대적인 무대의 필요성을 절감했다. 그래서 동랑은 세계연극기행에서 돌아오자마자 '드라마센터를 짓고 싶다'는 소망을 담아 록펠러 재단에 보고서를 하나 작성해 보냈다. 이에 록펠러 재단은 지원금 5만 5천 달러를 보내왔다.

드라마센터가 완공되기까지 경제적 어려움을 비롯해 갖가지 고난과 시련이 많았다. 동랑은 드라마센터를 세우는 데 집안 재산을 모두 사용했고, 은행에서 융자 받은 돈을 제때 갚지 못해 수십 년 살던 갈월동 집과 처남의 집, 남은 부동산까지 모두 처분했다. 이제 동랑의 가족이 살 수 있는 곳은 드라마센터 뒤쪽에 임시로 마련한 거처뿐이었다. 실로 드라마센터는 천신만고 끝에 세워진 것이라 할 수 있었다.

드라마센터 앞에 선 동랑

당시 드라마센터는 총 건평 7백여 평, 5백석을 가진 단층 객석이 주위를 둘러싸고, 1백 평의 메인 스테이지와 30평의 원형 무대, 양쪽에 사이드 스테이지까지 갖추고 있었으며 소극장 아래층에는 도서관, 강의실, 작가실, 의상실, 분장실, 세면장 등이 마련되어 있었다. 당시 드라마센터의 독특한 특징 중 하나는 연기자들이 객석 발밑에서 드나들 수 있게 설계되었다는 점이다. 이는 동랑이 순전히 연극적인 필요에 의해 고안한 것으로 연기자가 관객 속에서 솟아오르고, 관객들이 연극에 완전히 휩싸인 가운데 극이 진행될 것을 의도한 구조였다. 동랑은 연극이 살아나려면 관객 속에 깊숙이 침투해야 한다고 믿었다.

동랑은 드라마센터가 해야 할 일을 세 가지로 제시했다. 첫째는 '예술의 탐구'이고, 둘째는 '인재의 양성', 셋째는 '우리 연극 문화재의 정리·보관'이었다. 이러한 일들은 드라마센터 건물 안에 있는 반원형 소극장과 아카데미(연구소), 도서관이 각각 공조하면서 담당하게끔 하여 드라마센터가 단지 연

드라마센터에 앉은 동랑

극 공연을 위한 공간만이 아니라 후진(後進)에 머무른 한국연극을 끌어올리는 한국연극운동의 근거지로 삼고자 한 것이다.[18]

동랑은 드라마센터 완공과 함께 인적 구성도 새롭게 했다. 사무국장에는 신태민, 극장장에는 이해랑, 한국연극아카데미 원장에 여석기, 상임위원에 김정옥과 이근삼을 임명했다. 그리고 드라마센터 개관공연작품으로 셰익스피어의 『햄릿』을 선택했다. 연출은 명목적으로 유치진이 맡았지만 실제로는 극장장 이해랑이 담당했다.[19] 출연진과 제작진에는 연극계의 원로와 중진, 중견, 신인이 총망라되었다.[20]

드라마센터 개관공연은 화려했다. 혁명 정부의 박정희 의장까지 공연을 찾아와 연극인들을 격려해주기도 했다. 그러나 이후 객석이 반만 채워질 정도로 관객의 호응은 적은 편이었어. 하지만 공연은 계속되었고, 『햄릿』의 다음 작품으로 이해랑이 연출과 주연을 맡은 유진 오닐의 『밤으로의 긴 여로』가 공연되었다. 이어 『포기와 베스(유치진 연출)』『한강은 흐른다(유치진 작, 이해랑 연출)』『세일즈맨의 죽음(이기하 연출)』『로미오와 줄리엣(이해랑 연출)』 등이 무대에 올랐다.

그중 『포기와 베스』는 동랑이 직접 연출을 맡아 음악적 요소를 강조한 새로운 작품으로 우리나라에서 최초로 시도한 미국식 뮤지컬 공연이라 할 수 있다. 동랑은 미국 연극계 시찰 중 브로드웨이에서 뮤지컬을 구경하고 나서 뮤지컬이 향후 공연예술에서 큰 몫을 차지할 것이라 예견한 바 있었다. 『포기와 베스』는 큰 성공을 거두어 다른 어떤 작품보다도 관객이 몰렸다. 극작가 차범석은 『포기와 베스』에 대해 "이 작품은 메마른 극계에서 파낸 또 하나의 맑은 우물을 연상케 했다. 아니, 어쩌면 그것은 사막에서 파낸 오아시스일지도 모른다. 극계에서 음악극이 상연되기는 이번이 처음이다"라고 말했다.[21]

드라마센터는 1년여의 공연기간 동안 7만여 명의 관객을 동원했지만 적자는 눈덩이처럼 불어갔다. 동랑은 민간인이 극장을 운영하는 것은 거의 불가능하다는 사실을 깨달았고, 결국 드라마센터는 문을 닫게 되었다. 사실 드라마센터 운영은 동랑 부부를 최악의 상태까지 몰고 간 상황이었다. 드라마센터를 짓느라 동랑과 그의 아내 심재순은 몸에 병까지 들었고, 갚지 못한 빚은 계속 쌓여 시시때때로 빚 독촉을 당했다. 그야말로 처절한 고통의 시간이었다. 동랑은 그 당시를 다음과 같이 회상했다.

사람이 빚에 시달리는 것 이상으로 고통스럽고 치사스러운 일은 이 세상에 없을 것이다. 거기에는 참으로 인격이니 체면이니 하는 것도 없다. 그것은 고문 그 자체이고, 오직 정글의 법칙밖에 없다는 생각이다. 더욱이 심약한 예술가들은 그 고통을 견디기 어렵다. 단돈 10원도 못 꾸는 주제에 어마어마한 빚을 짊어지고 살아가다니 될 말인가? 나는 마음속으로 두 번 다시 그런 일은 저지르지 않겠다고 수없이 다짐했다.[22]

그러던 어느 날 공화당의 김종필 의장이 찾아왔다. 당시 김종필은 5·16 군사정변의 주역으로 박정희 대통령 다음 가는 권력자였다. 그는 특히 문화·예술 분야에 관심이 많아 '예그린 악단'을 창설해 키우려 했다. 예그린 악단은 김종필이 북한 가무극에 필적할 가무단이 필요하다는 생각으로 후원회장이 되어 조직한 단체로 우리나라 민속예술과 연극, 음악, 무용, 관현악 등을 아우르는 총체적인 종합예술무대를 꿈꾸며 창단된 단체였다.[23]

김종필은 동랑에게 예그린 악단을 맡아 달라 부탁하러 온 것이었다. 하지만 동랑은 다른 사람을 추천했고, 드라마센터의 경제적 어려움에 대해 이야기했다. 특히 가장 큰 고통인

은행 빚에 대해서도 숨김없이 털어놓았다. 김종필은 즉각 후원회를 만들어 향후 1~2년 동안의 드라마센터 사무실 임대료를 일시불로 내어 은행 빚을 갚아주겠다고 약속했다. 김종필 의장의 전격적인 도움으로 드라마센터는 기적처럼 살아났다.

이후 동랑은 영양실조에 빠져 허덕이고 있는 한국연극을 구제하기 위해 극단 드라마센터를 레퍼토리 시스템(예정된 작품을 일정 기간 동안 차례로 바꾸어 가면서 공연하는 방식)으로 전환했다. 레퍼토리는 연극의 예술적 완성과 완성된 연극에 목표를 두고 있었다. 동랑은 연극에 레퍼토리 시스템이 정립되면 우리나라도 마침내 세계에 자랑할 수 있는 극단을 갖게 될 것으로 굳게 믿었다. 당시 레퍼토리 시스템은 유덕형, 안민수, 오태석이 끌고 갔다. 이들은 『쉬뚜이 놀이』 『초분』 『태』 『하멸태자』 등의 작품으로 드라마센터의 레퍼토리 시스템을 구체화하는데 결정적인 역할을 했다.[24] 또 이즈음 미국 유학을 떠났던 장녀 유인형이 연극 공부를 마치고 귀국했다. 유인형은 뮤지컬 『포기와 베스』를 연출해 대외적으로 실력을 인정받았다. 딸이 귀국한 지 두 해가 지나 장남 유덕형도 미국 유학에서 돌아왔다. 유덕형 역시 연극을 공부했다.

드라마센터는 우리나라의 대표적인 공연장으로 한국연극 발전에 중추적 역할을 하기 시작했고, 이내 동랑은 마음을 놓을 수 있었다. '예술은 대를 물려야 한다'는 그의 생각과 신념이 자식과 제자들에 의해 튼튼하게 이어지고 있었다.

마지막 헌신

연극상 제정

동랑은 서울특별시 문화상을 비롯해 제1회 예술원 예술상, 문화훈장 대통령장, 문교부장관의 5월 문예상, 제1회 3·1연극상, 문화공보부장관의 한국연극공로상 등 크고 작은 상을 여러 차례 수상했다. 그밖에도 여러 상의 심사위원으로 위촉받아 수상을 사양한 것도 적지 않았다. 예컨대 5·16민족상의 경우, 수상자로 월탄 박종화(朴鍾和) 선생과 복수 추천되었을 때 동랑은 선배 예술가에게 양보하고 끝내 서류 제출을 거절하는 겸양을 보였다.

동랑은 상을 받을 때마다 부상으로 주어진 상금을 연극의 뒤안길에서 고생하다 몸져누운 사람들의 위로금이나 치료비, 그들의 경조비로 사용했다. 그리고 문교부장관으로부터 받은 5월 문예상의 상금을 바탕으로 '한국연극상'을 만들었다.[25] 이 상은 우리나라 연극 발전에 크게 기여한 사람에게 수여했는데 동랑 생전에 6회까지 수여되었고, 그 후에는 '동랑연극상'으로 명칭을 바꾸어 계속 시상을 진행하고 있다.

갑작스런 죽음

그동안 동랑은 건강이 많이 회복되어 마지막 작품을 남기고 싶은 생각이 들었다. 그래서 선택한 작품이 영국과 미국에서 호평을 받고 있는 안토니 쉐퍼의 『슬루스(Sleuth)』였다. 동

랑이 이 작품을 선정한 까
닭은 비극이지만 희극적
톤이 좋았고, 주제가 인간
의 집념을 다루었기 때문
이었다.

동랑 유치진

하지만 동랑은 작품을
연출하는 동안 몸 상태가
좋지 않음을 느꼈고, 공연
마지막 날에는 피까지 쏟
았다. 이후 그의 건강은
나날이 악화되어 자신감
마저 잃는 등 육체의 병이
정신도 약하게 만들고 말
았다. 게다가 사랑하는 막
내 동생 유치담의 갑작스런 죽음은 동랑으로 하여금 많은 것
을 생각하게 만들었다. 유치담은 동랑이 어려웠던 시절, 드라
마센터를 위해 목숨까지 바칠 정도로 헌신적으로 일한 동생
이었다. 동랑이 마지막으로 남긴 말을 들어보자.

나는 이제 평생의 짐인 드라마센터를 젊은 사람들에게 넘
기고, 남으로 난 창가에서 내 인생을 정리하는 글을 쓰려 한
다. 또 글을 쓰다 팔이 아프면 놀이터에 나와 사랑스런 이웃 어
린애들과 놀려고 한다. 참으로 한평생이 꽤나 긴 여정이었다는

느낌이다. 그래서 더욱 피곤한지도 모른다. 나도 이제는 좀 안온하게 쉬고 싶다. 저 푸르디푸른 고향 바다에 가면 인생의 여독이 좀 풀릴까. …… 이제 나는 평생 동안 살아오면서 빚졌던 모든 사람들로부터 용서를 받고 싶고, 또 나도 용서하련다.[26)]

동랑은 연극 중흥을 위한 모임에서 갑자기 쓰러졌다. 지병인 고혈압이 원인이었다. 동랑은 1974년 2월 10일, 향년 69세로 세상을 떠났고, 그의 장례는 대한민국 연극인장으로 거행되었다.

유치진이 이룬 업적

계몽가로서의 동랑

'행장극장'을 통한 계몽운동

동랑은 일본유학 시절 연극에 뜻을 세운 이후, 러시아 혁명기에 젊은 연극인들이 전개한 '연극 브나로드운동'에 깊이 공감했다. 그래서 동랑은 러시아 연극 브나로드운동을 본 따 나름대로 '행장극장'이라 이름 붙였다. 동랑이 생각한 행장극장 운동은 여름방학을 이용해 7~8명으로 이루어진 학생대를 편성한 다음, 이들을 대상으로 약 1주일 정도 제반 준비를 하고 연습을 시킨 다음 각기 고향으로 파견하는 것이었다.[27]

동랑은 행장극장운동 때문에 릿쿄 대학을 졸업한 후 서둘러 귀국했다. 그는 서울에서 여관방을 전전하며 연극 동지들을 찾았으나 대부분의 지인들이 행장극장운동에는 공감하면서 행동적 참여에는 고개를 돌렸다. 가족까지 희생시키며 운동을 하고 싶지 않았기 때문이다. 결국 동랑은 행장극장운동을 포기하고, 극예술연구회에 가입하는 차선의 활동을 택한다.[28]

해방 후 연극계는 좌익 연극인들의 정치목적극과 저질상업극으로 혼탁했다. 동랑은 연극 동지들과 함께 일제에 의해 강제로 해산된 극예술연구회를 재건하기로 하고, '극예술연구회 브나로드운동 실천위원회'를 발족했다. 동랑은 애국심에 불타는 학생과 청년, 여성, 소년들을 모아 전국적으로 145개의 실천대를 조직했다. 그리고 『안중근 의사의 최후』『매국노』『윤봉길 의사』『독립만세』 등 애국적 주제를 가진 작품들을 주로 공연에 올렸다. 연극 브나로드운동은 대도시를 비롯해 각 군청 소재지와 동리(洞里), 직장에까지 파고들었다.

'전람회'를 통한 계몽운동

동랑을 비롯한 일본 유학 출신 10여명은 1931년 동아일보 사옥에서 연극영화전람회를 개최했다. 이때 일본신극 단체들의 프로그램, 포스터 책, 무대공연 사진, 탈, 인형, 영화 스틸 등 4천여 점이나 출품되었다. 전시장은 민속극, 조선신극, 일본신극, 구미연극, 학생극, 아동극, 인형극, 조선영화, 일본영화, 외국영화부로 분류해 놓았다. 전람회는 당시 연극영화인과 지식인들에게 상당한 감명을 주었는데, 특히 두 가지 면에서 의의가 있었다. 하나는 대중들에게 연극영화에 대한 인식을 높인 것이고, 다른 하나는 '극예술연구회'라는 새로운 신극단체를 탄생시킨 것이었다.

'예술단체'를 통한 계몽운동

극예술연구회(이하 '극연')는 연극을 통해 대중을 계몽하려는 운동을 계획하고, 다음의 다섯 가지를 주사업으로 정했다. 첫째, 학생층과 일반 대중에게 연극예술의 요소 내지 정신을 불어넣기 위한 계몽활동. 둘째, 연극에 소질이 있는 젊은이들을 모아 배우가 될 수 있도록 훈련시킬 것. 셋째, 당시 타락일로에 있던 소위 상업주의 연극의 정화에 나서서 그들을 일깨우고 가르치며 극본을 제공함은 물론 연출까지 지원해 줄 것. 넷째, 연극에 대한 일반 대중의 인식 제고를 위해 강연, 강습회, 관극회, 전람회 등의 개최와 연극잡지 발간. 다섯째, 공연 활동을 활발하게 전개하는 것이었다.[29]

단체설립 이후 극연은 두 가지 일에 몰두했다. 연극할 사람을 모집해 가르치는 일과 대중들에게 연극 활동을 함께 하자고 권유하는 일이었다. 이때 연구생 모집을 했더니 20여 명이 모였고, 극연은 그들에게 희곡론, 연극론, 세계연극사, 배우론, 연출론, 무대미술론, 분장법, 발성법 등을 가르쳤다. 그리고 곧바로 공연 활동에 돌입하기 위해 극연 직속 극단으로 '실험무대'를 발족했다.[30]

극예술연구회는 1930년대 우리나라 연극사에서 가장 두드러진 업적을 남겼다. 특히 인적 구성이나 예술적 이념의 투철함, 공연 행위의 지속성과 신극 정립을 위한 연구적 태도는 타의 추종을 불허했다. 비록 7년 만에 문을 닫았지만, 이후 50년 동안 우리나라 연극을 지킨 인재들이 이곳 극예술연구회에서 자라났다 해도 과언은 아니다.[31]

'우리 예술 찾기'를 통한 계몽운동

동랑이 록펠러 재단의 후원으로 세계 각국을 여행한 후 가장 깊이 생각한 것은 우리 문화유산에 대한 소중함이었다. 서양인들은 대체로 우리나라에 연극이 없다고 생각했지만, 동랑은 그들을 만나 우리 고유의 민속극과 신극운동 이야기를 들려주었고 그들을 감탄시켰다. 그래서 귀국하는 대로 '우리의 전통극 찾기 운동'을 시작했다. 전통극 중에서도 동랑은 가면극을 살려보기로 마음먹고, 이를 위해 우선 산대극 부활을 위해 '산대가면극보존회'를 만들었다.

동랑은 가면극 원형의 복원·보존에만 그쳐서는 안 되고, 가면극을 새로운 극예술로 창작하는 일이 더욱 가치가 있다고 생각했다. 그래서 드라마센터 부설 한국연극아카데미의 후신인 서울연극학교 정규교육과정에 가면극을 넣었다. 또 봉산탈춤에서 시작해 경기도의 양주별산대놀이, 북청사자놀음, 꼭두각시놀음 순으로 가면극을 가르쳤다. 이렇게 해서 학생들은 가면극의 원형을 전수받을 수 있게 되었다. 만약 동랑이 드라마센터에 연극학교를 세우지 않았다면 가면극의 전수는 불가능했고, 수년만 늦게 일을 시작했어도 원로 연희자(演戱者)들의 타계로 대단히 어렵게 전수가 이루어졌을 것이다. 그로부터 전통극에 대한 일반인의 인식이 바뀌기 시작했고, 민족 주체성을 강조하고 나선 정부의 적극적인 뒷받침으로 인해 원로 연희자들이 인간문화재로 지정됨은 물론 드라마센터에서 전수하던 봉산탈춤, 양주별산대놀이, 북청사자놀음, 꼭두각시놀음 등이 차례로 무형문화재 지정을 받게 되었다.[32]

동랑의 전통극 전승에 대한 열의는 대학으로까지 확산되어 서울대 가면극연구회가 발족되었고, 1970년대 이후 전국 대학에 전파되었으며 나아가 마당극 운동으로 발전해 군사독재에 저항하는 민주화운동의 한 가닥이 되기도 했다.[33] 이처럼 동랑은 처음부터 끝까지 시종일관 '문화입국(文化立國)'이라는 큰 구상 하에 우리나라 문화를 뿌리에서부터 견고히 다진다는 자세로 혼신의 열정을 쏟았다.

예술가로서의 동랑

연기자

동랑이 연기자로서 처음 무대에 선 것은 일본유학 시절 도쿄의 대학생들이 조직한 '근대극장'이라는 아마추어 학생극단에서였다. 동랑은 그곳에서 단역으로 무대에 섰다. 고골리의 『검찰관』과 『공기만두』에 출연한 것이다. 하지만 동랑은 무대에 서는 것이 충분히 매력적이고 흥분된 일이지만, 자신의 적성과는 맞지 않음을 느꼈다. 그 후 동랑은 아나키스트 극단인 '해방극장'에 들어가 그곳에서도 단역 배우를 했다. 한번은 쓰키지(築地) 소극장에서 공연한 이탈리아 극작가의 작품에 출연했는데, 아나키스트인 주인공이 저항을 계속하다 결국 처형당하는 내용이었다. 이 작품은 저항적 성격이 강한 탓에 일본 정부의 관여로 도중에 막을 내리게 되었다.

일본유학에서 귀국한 후 동랑이 또 다시 무대에 선 것은 극예술연구회의 창립공연작품인 고골리의 『검찰관』이었다. 2개월 동안 연습해 조선극장 무대에 섰으나 이번에도 역시 연기자로서 소질이 없음을 다시 느꼈다. 동랑은 자신이 꽤 이성적인 사람이라 감성이 풍부해야 하는 연기자는 자신과 맞지 않는다고 생각했다. 극예술연구회에서 차기 공연 작품을 찾다가 동랑은 버나드 쇼가 일본을 방문한다는 소식을 듣고 그의 작품을 공연하기로 했다. 극예술연구회 회원들에게 버나드 쇼는 동경의 대상이었기 때문이다. 작품은 사회극인 『무기와 인간』으로 결정되었고, 조선극장에서 막이 올랐다. 동랑은 이 연극에서 주연을 맡았는데, 키가 크고 마른데다 코도 오뚝해서 분장해 놓으면 서양인 같았기 때문이다. 당시 동랑은 의외로 연기가 좋다는 평가를 받았으나 누구보다 자신을 잘 알고 있는 터라 결코 연기자가 되지 않기로 다시 마음을 고쳐먹었다.

극작가

동랑은 대학 시절 습작으로 써놓았던 희곡『토막』을「문예
월간(文藝月刊)」에 발표해 극작가로 등단했으며[34] 극작가로서
『토막(1931)』에서부터『한강은 흐른다』에 이르기까지 30여
년에 걸쳐 총 40여 편의 희곡을 남겼다.[35] 동랑은『토막』의
탄생배경을 다음과 같이 설명했다.

> 우리 집 한약방에 찾아오는 병들고 초췌한 농어민들을 통
> 해 나는 통영에 많이 살고 있던 지주를 대단히 미워하였다. 이
> 러한 미움은 곧 가난하고 고통 받는 사람들에 대한 연민으로
> 나타났다. 그렇기 때문에 나는 빼앗기고 짓눌리고 버림받으면
> 서 살아가고 있는 사람들을 따뜻한 눈으로 바라보면서 묘사해
> 보고 싶었던 것이다. 내 처녀작『토막』도 그래서 탄생한 것이
> 다.[36]

『토막』은 일제 치하 우리 민족의 참상을 가식 없이 묘사한
작품으로 일종의 비극적 빈궁 문학이다. 동랑은『토막』을 완
벽하게 공연하기 위해『토막』의 무대와 비슷한 마포의 빈민
굴을 제작진과 함께 답사해 무대를 만들었고, 당시 작품을 관
람한 관중들의 반응은 대단했다. 우는 사람, 분노하는 사람,
환호하는 관중이 뒤얽혀 경성공회당은 그야말로 아수라장이
되었다. 일부 격정적인 관객은 분장실로 뛰어 들어와 동랑과
연출자 홍해성을 헹가래쳤고, 조금 뒤에는 춘원 이광수까지

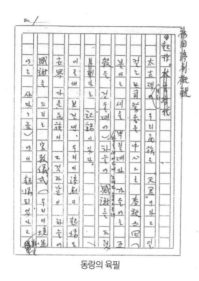

동랑의 육필

찾아와 이 땅에 비로소 희곡 문학이 탄생되었다며 격려해 주었다.[37]

두 번째 작품은 『버드나무 선 동네 풍경』이었다. 당시 우리나라는 농민이 80퍼센트를 차지하고 있었고, 상업 극단이 판을 치고 있었다. 그래서 동랑은 농민극만이 연극을 나락의 늪에서 건져내는 유일한 길이라 믿고, 노동자들의 아픔과 분노를 표현한 『빈민가』 같은 희곡을 썼다. 『빈민가』는 동랑이 극예술 연구를 위해 다시 일본으로 건너간 뒤 쓴 작품이다. 재동경 조선인극단인 삼일극장(三一劇場)에 『빈민가』를 제공해 스키지(築地) 소극장에서 최초로 공연했다. 또 다른 작품인 『소』도 일본에 있을 때 쓴 작품으로, '동경학생예술좌' 창립공연 레퍼토리로 공연된 작품이기도 하다.[38] 『토막』『버드나무 선 동네 풍경』『소』 등으로 이어지는 농촌 소재의 사실주의 희곡들은 우리나라 희곡사의 금자탑으로 기록되어 있다.

그 외에도 동랑은 민족의식을 고취시키고 시대정신을 일

깨우고자 사극(史劇)을 많이 썼다. 사극에 대한 동랑의 생각은 '과거는 현실과 동떨어져 있는 것이 아니다. 과거는 오늘과 잇닿아 있다. 오늘은 과거의 연장이다. 그러므로 과거를 말하는 것은 곧 현재를 말하는 것이며 현재를 음미시키는 것'이었다. 이 때문에 동랑은 국립극장 개관공연작품으로『원술랑』을 택했다. 신라의 패망을 통해 실국(失國)의 아픔을 표현한『마의태자』, 광복 직후 미·소 양국의 군정을 한사군 시대의 상황에 비교 설정한『자명고』와『별』, 3·1독립운동을 다룬『조국』도 같은 맥락에서 쓰였다.

동랑은 부산 피난 시절에도 작품을 썼다.『순동이』『처용의 노래』『청춘은 조국과 더불어』『가야금』『장벽』『통곡』등이 이때 집필된 것으로,『통곡』의 경우 동랑 자신의 체험을 바탕으로 해 북한군 남침의 참상을 기록해 놓자는 의도에서 집필한 것이기도 하다.

연출가

동랑은 카이저의『우정(1933)』연출을 시작으로 1971년 드라마센터에서 자신의 연출 40년을 기리는 마지막 작품인『사랑을 내기에 걸고(1971)』까지 총 100여 편의 작품을 연출했다.[39] 극예술연구회의 경우 창작극과 번역극을 함께 무대에 올렸는데, 이때 창작극으로 동랑의『토막』을 택했고, 번역극으로는 안톤 체홉의『기념제』와 카이저의『우정』을 택했다. 이중 동랑은『우정』을 처녀 연출했다. 동랑의 처녀 희곡과 처녀 연출이 동시에 한 무대에 오른 것이다. 동랑의 처녀 연출은 무난하다는 평가를 받았고, 당시 경성방송국을 통해 방송되기도 했다. 또 동랑은 극예술연구회 공연에서 셰익스피어의 『베니스의 상인』과 피란델로의 『바보』, 자신의 창작극인 『버드나무 선 동네 풍경』을 연출했다.[40) 동랑은 무엇보다 셰익스피어의 작품을 연출하면서 작품분석을 통해 희곡 구성법에 대해 많은 것을 배웠다. 하지만 연출을 하면서 공부가 부족함을 느꼈고, 연출 수업을 받기 위해 다시 일본으로 건너갔다.

동랑은 국립극장장으로 재직하면서 『뇌우』를 연출하기도 했다. 당시는 1만 명만 동원해도 대성공작으로 평가되던 시기였는데, 『뇌우』의 경우 보름 동안 7만 5천 명의 관객을 동원해 화제가 되었다. 서울 인구가 고작 40만 명이었으니 서울 인구의 약 1/6이 『뇌우』를 관람한 것이다. 『뇌우』의 성공요인은 두 가지를 들 수 있다. 첫째는 동랑의 연출이었고, 두 번째는 당대 최고 배우들의 빼어난 앙상블이었다. 동랑의 연출은 치밀하고 혹독하기로 정평이 나 있었다. 그는 배우들이 피로에 지쳐 쓰러지기 직전까지 끊임없이 반복연습을 시키곤 했다.[41) 동랑은 공연이 연습에 의해 숙달되는 무대적 행위라 믿었고, 희곡의 무대적 가변성을 폭넓게 인정한 연출가였다. 아울러 독회(讀會, reading)에 상당한 공을 들여 연습시간의 2/3 가량을 읽기에 할애하는 연출가이기도 했다.[42)

예술경영자로서의 동랑

　동랑의 가장 큰 꿈 중 하나는 극장을 갖는 것이었다. 일제 치하에서는 많은 극단들이 일본인들이 세운 영화관을 빌려 공연했는데, 당시 일본인 흥행 모리배들로부터 겪은 수모와 착취는 이루 말할 수 없을 정도였다. 그래서 동랑은 국립극장 설립을 강력하게 추진했다. 한국무대예술원을 동원해 전국무대예술대회를 개최했으며 그곳에서 국립극장 설립을 정부에 건의했다. 국립극장 설립추진은 수백 년 간 이어온 우리 민족극의 확립을 위한 동랑의 숙원사업이었다. 동랑의 이러한 노력으로 신정부에서는 국립극장 설립을 긍정적으로 검토하기 시작했고, 결국 아시아 최초로 국립극장 설치법이 국회에서 통과되어 서울 충정로에 있는 부민관이 공식극장으로 지정되었다.[43)]

　국립극장이 개관하자 동랑은 초대 국립극장장으로 임명되었다. 이때 동랑은 '민족'이라는 커다란 공동체를 더욱 생각하면서 국립극장의 기초를 닦기 시작했다. 그동안 미군의 오락시설로 사용해 왔기 때문에 극장시설은 형편없었다. 극단뿐만 아니라 교향악단, 합창단, 국악단, 무용단, 오페라단 등의 공연까지 고려하기 위해서는 무대 기능을 극대화하지 않으면 안 되었다. 그렇게 하려면 막대한 돈이 필요했는데, 다행히 1억 원이라는 돈을 융자 받아 극장 개보수에 착수할 수 있었다.

국립극장 개관작품으로는 『원술랑(허석, 이화삼 공동연출)』이 채택되었다. 당시 예술인들은 우리 역사를 올바로 인식시키고, 애국자들의 참모습을 형상화해 민족의식을 고취하는 작품을 우선시했다. 『원술랑』은 그러한 분위기와 국립극단의 첫 레퍼토리로 가장 잘 들어맞는 작품이었다.[44] 국립극장의 1천 석이 넘는 3층짜리 좌석은 연일 초만원의 관객으로 통로까지 메워졌다. 열흘을 공연했지만 관객의 열기가 식지 않아 5일 간 연장공연을 해야 했으며 총 6만여 명이 구경을 와 그야말로 해방 직후 최대 관객동원이라 할 수 있었다.[45]

국립극장의 두 번째 작품은 『뇌우(조우 작, 유치진 연출)』였다. 이 공연 역시 관객에게 큰 호평을 받았는데, 공연이 있는 날이면 극장 앞에 자동차가 빼곡히 들어서는 등 7만 5천 명이라는 관객 수는 『원술랑』을 뛰어넘었다. 당시 "이 연극을 보지 않고는 문화인 소리를 들을 수 없다"고 할 만큼 지식인층의 호응도 대단했다.[46] 『뇌우』가 관객들의 격찬을 받게 된 데는 몇 가지 이유가 있는데, 우선 무대장치를 들 수 있다. 『뇌우』의 무대장치는 무대미술가로 유명한 김정환이 맡아 당시로는 파격적으로 무대 주변에 파이프를 설치해 비를 흘러내리는 스펙터클을 만들어냈다. 여기에 실감나게 천둥소리가 더해져 관객들은 집에 갈 때 우산 걱정을 해야 할 정도였다. 이때 천둥소리를 낸 것은 차범석이었는데, 연출자 동랑은 차범석에게 공사판에서 쓰는 함석판이 발광을 하고 2초 후에 소리를 내도록 연출을 주문했다. 빛이 먼저 보이고 소리가 나

중에 들리는 물리적 현상까지 신경을 쓴 것이다. 동랑은 그만큼 세심하게 작품을 읽고 합리적으로 작품을 연출했다.[47]

교육자로서의 동랑

일제 치하에서의 연극 인재 양성

1941년 동랑은 현대극장의 대표를 맡았다. 현대극장은 '우수한 연극인재 양성과 그 정신의 함양'을 중요한 창단목표로 삼고, 인재 양성을 위한 극단 부설 국민연극연구소를 출범시켰다. 연구소는 신진 연극인의 양성을 위해 연극교육과정을 설치하고, 교육과정 수료 후 무대에 설 사람은 연구생으로, 연극을 공부할 사람은 청강생으로 구분해 입학시켰다.[48] 당시 국민연극연구소는 최고 수준의 강사진을 초빙해 교양교육과 연극실무교육을 병행했는데,[49] 이광수, 백철, 정인섭 등 저명 문인들이 '예술개론'의 강의를 맡고, 동랑을 비롯한 극예술연구회(해외문학파) 출신들이 '연극사' '연극개론' '희곡론' '연출론' 강의를, 비교적 연극실무에 밝은 동경학생예술좌 출신들과 현역 무대인들이 '배우술' '무대미술'의 강의를 맡았다.[50]

대학 교육

동랑은 해방 이후 연극인들이 좌우로 갈라져 서로 다툼을 벌이는 모습과 젊은이들이 정치 이데올로기에 깊이 물든 모습을 보면서 새로운 예술인재를 키워야겠다는 결심을 한다.

그래서 서울대 문리과대학에 '극문학과' 설치를 생각해냈다. 동랑은 서울대 총장과 대학 주요인사들을 직접 찾아가 이를 설명하고 도움을 청했다. 그러나 서울대에 어떻게 광대학과를 설치하느냐는 답이 돌아왔다. 동랑은 크게 실망했으나 희망을 버리지 않았다. 동랑은 숙명여대에서 연극론을 강의했는데, 단 한 명의 인재라도 연극계에 들어오길 바라는 마음이 간절했다. 또 동랑은 동국대 백성욱 총장을 만나 연극과 신설을 건의했는데 백 총장이 이를 적극 받아들여 동국대에 우리나라 대학 최초로 연극과가 설립되고, 동랑은 연극과 초대 학과장이 되었다.

연극학회 창립

동랑은 또 연극이론을 정립하기 위해 많은 노력을 기울였다. 대학에서 연극이론을 강의하면서 교재의 필요성을 뼈저리게 느낀 동랑은 외국의 연극이론과 창작체험에서 얻은 내용들을 바탕으로 직접 희곡론을 썼다. 대학 강의를 하고 교재를 집필하다 보니 이번에는 연극이론 정립이 매우 절실했다. 그래서 연극을 학문적으로 연구하는 '한국연극학회' 창립을 생각해내어 동랑이 초대 회장직을 맡았다. 학회창립의 목적은 하루빨리 우리나라의 연극이론을 정립하는 것이었다. 당시 대학에는 연극학과도 없었고, 연극전문기관도 없었으므로 연극 인재 양성은 학회가 담당해야 했다. 연극학회는 '서양연극사' '한국연극사' '연출론' '연기론' '영화론' 등을 강의내용으로 하여 하계강좌를 개최했다.

연극경연대회 개최

1949년에는 한국연극학회 주최로 '전국대학연극경연대회'가 열려 9개 대학이 참가했다. 공연작품은 동국대의 『밀고』, 세브란스 의대의 『칼레의 시민』, 숙명여대의 『춘향전』, 정치대의 『정직한 사기한』, 중앙대의 『비 오는 산골』, 고려대의 『왕치(王痴)』, 연세대의 『오이디프스 왕』, 서울대 치대의 『흔들리는 지축』, 서울대의 『베니스의 상인』 등이었다.

동랑은 대학생들의 연극을 보면서 그들의 연기가 비록 미숙하나 때 묻지 않고 매우 늠름했으며 호기(豪氣)에 차 있었고, 상에 연연하지 않으면서 연극을 사랑해 우리나라 문화에 이바지하겠다는 사명감에 불타고 있음을 느꼈다. 사실 대회를 개최한 것은 순수한 젊은 세대에서 인재를 찾고, 대학극에 자극을 주어 대학에서 공연예술이 활성화되기를 바라는 마음에서 비롯된 것이었다. 당시 전국대학연극경연대회를 통해 훌륭한 인재들이 많이 배출되었는데 연세대의 차범석, 신태민, 중앙대의 박현숙, 최무룡, 주동운, 고려대의 최창봉, 김경옥, 서울대의 전광용, 신영균, 박암, 김기영 등이 그들이었다.

대학극이 좋은 성과를 거두자 그 범위를 중·고등학교로 확대해 동랑은 국정교과서에 자신의 작품인 『조국』을 게재했다. 그리고 연극에 대한 이해를 넓히고 화술교육을 강조함으로써 연극을 교육의 한 방편으로 십분 활용했다. 그래서 전국 남녀

중고등학교 연극경연대회까지 열릴 수 있었다. 당시 참가한 남자고교는 서울, 경복, 용산, 휘문, 양정, 중동, 사대부고, 대동, 한양, 강문 등 10개 학교, 여자고교는 이화, 풍문, 계성, 동명, 인천여고 등 5개 교였다. 경연대회 결과 많은 인재들이 발굴되었고, 이 대회의 영향을 받아 중앙대, 동국대, 한양대에서도 연극영화과가 개설되었다.[51] 중고등학교 연극경연대회는 지금도 서울예술대학교에서 '동랑청소년예술제'라는 이름으로 계속되고 있다.

연극전문교육기관 설립

동랑은 록펠러 재단이 초청한 미국 여행기간 중 연극학교들을 자세히 살펴볼 기회를 가졌는데, 당시 미국은 종합대학에 설치된 연극대학만 2백여 개나 되었고, 각 도시마다 직업 연극학교가 있었다. 이때 자극을 받은 동랑은 오랜 숙원 중하나인 인재양성에 착수했다. 그래서 전문연기자와 학구적 연극인재를 양성한다는 목적으로 드라마센터 부설 한국연극아카데미가 문을 열었다. 전공은 연구과와 연기과 두 가지로 수업기간은 2년, 강사진은 여석기 교수를 비롯해 각계 중진들로 구성했다. 동랑은 연극아카데미의 교육방식을 다음과 같이 밝혔다.

아카데미의 교육방식은 소위 '천재교육'이라고 하여 특기 있는 신인을 발굴해 그 천재를 가르치자는 것입니다. 이는 프랑

한국연극아카데미 수업 장면 (1962)

스의 국립연극 콘서바토리(Conservatory)의 교육방침을 본받은
것으로 예술가 양성으로서는 더 이상 더 적절한 방법이 없다
고 생각합니다.[52]

　이후 동랑은 인재양성에 더욱 정열을 쏟았다. 연극아카데
미는 2회 졸업생까지 배출한 뒤 2년제 초급대학인 '서울연극
학교'로 개편, 연극과와 영화과, 라디오TV과 등 3개 과를 두
었고, 동랑은 초대 교장으로 취임했다. 또 동랑은 연극아카데
미 졸업생을 중심으로 '극단 드라마센터'를 조직했는데, 단원
이었던 오사량은 극단 드라마센터를 가리켜 '연극을 하는 집
단, 연극을 지키는 극단, 연극을 사랑하는 집단'이라고 표현했
다. 극단 드라마센터는 창단공연으로 동랑의 작품 『마의태자

(유치진 연출)』를 올렸다.[53]

아울러 훌륭한 극작가 육
성을 위해 서울연극학교에
극작과도 개설되었다. 당시
재능 있는 젊은이들은 대부
분 희곡이 아닌 시나 소설
을 쓰려 했는데, 희곡은 무
대화 되지 않기 때문이었
다. 그래서 동랑은 신춘문
예 희곡당선작을 매년 드라
마센터 무대에 올리기로 했
다. 이렇게 탄생된 신진 극
작가가 윤대성과 오태석이

서울연극학교 교장 재임 당시의 동랑 (1967)

다. 동랑은 서울연극학교를 통해 연기자를 육성하고, 신춘문
예 당선 희곡 공연을 통해 꾸준히 극작가를 양성했다.

유치진의 사람들

동랑의 연극 동지들

숙명의 제자, 이해랑

이해랑(李海浪)은 격동의 근현대사를 살아오면서 한결같은 마음으로 연극의 예술적 순수성을 믿고 연극지상주의를 꿈꾸었던 사람이다.[54] 그가 사사한 제1세대는 동랑을 비롯해 홍해성과 박진 등인데 이들 중에서도 그는 초창기에 가장 독보적인 연출가였던 동랑을 스승으로 모시고 연출을 배웠다. 동랑은 사실주의에 입각한 치밀한 연출로 유명했다. 이해랑은 초기에는 스승의 창조방식을 따랐으나 시간이 흐르면서 스승을 극복하고 자기만의 연출세계를 구축해 나갔다. 그는 동랑

이 기초를 닦고 넓혀놓은 한국 근대극을 인문학적으로 심화시킨 대연출가였다.[55]

이해랑이 연극배우의 길을 생각한 직접적인 동기는 우연히 구경한 『어둠의 힘(톨스토이 원작)』이었다. 이해랑이 중등학교를 다닐 때 동랑이 연출한 연희전문학교의 아마추어 연극 『어둠의 힘』을 구경한 것이다. 그는 거기서 인생 진실 이상의 연극 진실을 발견했다.[56]

동랑이 그런 이해랑을 만난 건 우연이었다. 동랑이 일본 유학을 떠나려고 부산에서 관부선을 기다리고 있었는데, 마침 배재학당에서 연극반 활동을 하고 일본대에서 예술을 공부하고 있던 김동원을 만났다. 당시 김동원과 이해랑은 일본대 같은 학과에서 공부하고 있었다. 동랑은 일본에 도착하자마자 이해랑을 비롯한 한국유학생들의 대부 노릇을 하게 되었고, 이들과 함께 '동경학생예술좌'라는 극단을 만들었다. 이해랑은 이 학생예술좌의 제2회 공연작품인 『춘향전(유치진 작)』에서 생애 처음 단역을 맡았다.

동랑이 귀국 후 연극 활동을 위해 동분서주 하고 있을 때 종로경찰서에서 동랑의 작품 『소』가 '사회주의 선동극'이라며 문제 삼은 적이 있었다. 동랑은 이러한 이유 때문에 종로경찰서에 연행되었는데 그곳에 이해랑이 먼저 붙들려 와 있었다. 이해랑을 비롯한 일본유학생들은 동랑의 작품 『소』 때문에 적잖은 고초를 당했다.

해방 후 저질 상업극과 좌익 연극인들이 날뛰고 있을 때 이해랑과 김동원 등은 순수정통연극을 지키려고 애를 썼다. 이해랑은 갈월동에 있던 동랑의 집을 자주 찾아가 좌익연극인들이 연극의 본질을 파괴하며 날뛰고 있으니 우익민족연극진영의 구심점이 되어 민족연극의 기틀을 잡아줄 것을 간청했다. 해방 이후 칩거에 들어간 동랑에게 다시 연극 일선에 나서 줄 것을 요청한 것이다.

이해랑에게 가족을 제외하고 평생 잊을 수 없는 세 사람을 꼽는다면 스승인 동시에 선배인 동랑과 평생의 친구 김동원 그리고 후배 장민호일 것이다. 하지만 평생 이해랑에게 가장 큰 영향을 미친 연극인은 역시 동랑이다. 이해랑이 동랑을 만난 것은 동경학생예술좌 시절이지만 동랑의 지도를 받은 것은 동랑이 이끌던 극연좌에 이해랑이 정식 가입하면서부터였다. 극연좌가 곧 해산됐기 때문에 동랑의 연출지도를 제대로 받지 못하다가 현대극장 단원으로 가담하면서 본격 지도를 받게 되었다. 해방 직후 이해랑이 극협을 조직했을 때 막후 후원자가 동랑이었으며 국립극장 창설과 함께 이해랑에게 전속단체 신협의 연기부장을 맡긴 것도 동랑이었다. 그런데 이후 다음과 같은 사연 때문에 이해랑과 동랑은 다소 소원한 관계에 놓이게 된다.

이해랑은 드라마센터 극장장으로 1년여를 근무했다. 당시는 모두가 어려운 때였다. 드라마센터를 설립한 동랑만 하더라도 수십 년 동안 살던 갈월동 사저를 팔아 극장에 몽땅 넣고서도 빚에 쪼들리던 시절이었다. 이해랑은 집을 나설 때 아내가 주는 버스표 두 장만 달랑 쥐고 나설 때였다. 그런데 추석 전날 이해랑 극장장은 동랑에게 쌀을 사달라는 요구를 했다고 한다. 똑같이 어려웠던 동랑이 그 요구를 들어주지 못해 두 사람의 20여 년 끈끈한 사제 관계는 서먹함으로 변했다. 그러나 동랑이 동국대에 연극학과를 만들고, 섭섭하게 헤어진 이해랑을 다시 전임강사로 불러들였다. 이해랑은 교수가 되면서 비로소 생활의 안정을 찾을 수 있었다. 이처럼 두 사람은 숙명적 관계였다.[57] 1965년 동랑의 회갑기념으로 『춘향전』을 공연했는데, 이때 이해랑이 연출을 맡았다. 이해랑은 그의 연출노트에 동랑에 대해 다음과 같이 적었다.

선생께서는 연극이 관객과 같이 호흡을 하던 연극의 현실적인 순간에도 어리석은 배우와 같이 결코 박수를 기대하지 않았으며, 또 연극을 통해 자기를 빛내보려는 야심을 품어본 일도 없이 그저 연극이 좋고 연극예술에 무한한 매력을 느껴왔기 때문에 보답할 줄 모르는 매정한 연극세계에 몸을 던진 후한 번도 그곳에서 헤어나지를 못하셨다.[58]

현대극의 거장, 차범석

차범석(車凡錫)은 1955년 『밀주(密酒)』로 등단해 2003년까지 50여 편이 넘는 희곡을 창작하고, 반백 년이 넘도록 연극활동을 한 극작가다. 1962년 국립극장에서 초연된 그의 작품 『산불』은 '한국 사실주의 연극의 최고봉'이라는 찬사를 받았

고, 그는 타계 전후 '한국 현대극의 거장'으로 불리며 한국연극사에서 그 자리를 확고히 했다.[59]

차범석은 1946년 연희전문학교(현 연세대)에서 연극을 시작해 만 60년 동안 단 하루도 쉬지 않고 창작활동을 했다. 따라서 그를 '한국 현대연극사 그 자체'라고 말할 수 있다. 차범석은 동랑이 개척한 리얼리즘 희곡을 완성했고, 평소 호기심과 의욕, 열정이 넘쳐 작품도 많이 남겼다. 그는 한국연극사에 영원히 남을 걸작 희곡『산불』과『옥단어』는 물론 뮤지컬 대본, 악극 대본, 창극 대본, 무용 대본 그리고 오페라 대본까지 공연예술 전 장르에 60여 편의 방대한 작품을 남겼다. 방송극본까지 더하면 백 수십 편이 더 될 것이다.[60]

차범석이 동랑을 처음 만난 것은 연희전문학교 시절이었다. 동랑은 연희전문학교 국문과 외래교수로 희곡론을 강의하고 있었는데, 마침 차범석이 이 강의를 듣게 되었다. 차범석은 원래 영문학을 전공하고 있었지만 극작을 공부하려는 목표가 있었고, 연희전문학교 '연희극예술연구회'를 이끌고 가야 했기에 선택과목으로 희곡론을 듣게 된 것이다. 당시 대학생이던 차범석은 동랑을 처음 보았을 때의 인상을 다음과 같이 회술했다.[61]

동랑 선생은 등이 약간 굽은 듯 보였지만 6척 장신의 거구이셨고, 내게는 그 지명도가 아니라도 우러러봐야 할 만큼 높은 자리에 계신 분이었다. 목요일 오후 3시부터 내리 세 시간을 강의하시던 선생의 첫인상은 한 치의 빈틈이나 흐트러짐이라고는 찾아볼 수 없었던 열기에 가득 찬 강의였다. …… 동랑 선생의 어조는 그 체구에 걸맞지 않게 가늘고 높은 음색이어서 여성적이었다. 그러나 열과 성을 다하여 말씀하시는 그 말 끝은 약간의 경상도 사투리가 섞여 있으면서도 분명하게 가슴 깊숙이 새겨지는 것이었다. "극이란 갈등이다" "연극이란 들려주는 것이 아니라 보여주는 예술이다" "희곡은 우선 문학으로써 정립되어야 하며 연극은 학교 교육을 통하여 이루어져야만 민족연극으로 뿌리를 내린다" 선생의 이와 같은 말씀은 당시의 나에게 있어서는 하나의 광맥을 짚어낸 기쁨이기도 하였거니와 먼 훗날까지 변함없이 되풀이되어 온 하나의 신념이자 문학관으로 자리 잡기도 했다.[62]

1949년 여름, 차범석은 동랑을 처음 찾아갔다. 한국연극학회가 주최하는 제1회 전국남녀대학 연극경연대회에 참가하기로 결심하고, 작품선정에 자문을 받기 위해 동랑을 찾은 것이다. 당시 한국연극학회는 동랑이 주관하고 있었다. 동랑은 차범석에게 "희랍극을 해 봐요. 학생극은 어디까지나 학구적이며 실험성을 띠었을 때 비로소 그 생명이 살아나는 법이니까. 그리고 차 군은 극작가가 되려면 희곡을 계통적으로 공부해야 돼!" 동랑은 이런 말과 함께 희랍 비극의 대표작인 소포클레스의 『오이디프스 왕』을 추천해 주었다. 차범석은 용기를 내어 『오이디프스 왕』을 번역했다. 이 작품은 차범석의 손으로 쓴 최초의 희곡이었다. 이때 동랑은 연출가 허집, 무대미술가 김정항과 박석인을 차범석에게 소개해 주면서 이 땅에서 처음으로 희랍 비극을 상연하는 의의와 보람을 깨우쳐 주었다. 그 결과 연희전문학교 극예술연구회는 차범석이 연출한 『오이디프스 왕』으로 우수상을 차지했다.[63]

동랑이 차범석을 극작가로 키워준 계기는 1955년 조선일보 신춘문예 현상공모였다. 차범석이 대학 졸업반 1학기에 재학 중일 때 6·25전쟁이 일어나 그는 고향으로 피난을 갔다. 차범석은 그곳에서 중학교 교사의 소임을 다하면서 근 5년간 희곡을 습작했고, 학생극 운동과 아마추어 연극운동을 실천했다. 이러한 배경에는 동랑에게 배운 연극이론과 희곡창작이론이 바탕이 되었다. 그런데 1955년 1월 1일자 신문에 차범석의 희곡 『밀주』가 가작으로 입선되었을 때 마침 심사위원이 동랑이었다. 차범석은 가작에 만족하지 않고 그 이듬해 재도전 하여 그의 희곡 『귀향(歸鄕)』이 영예의 당선작으로 선정되었다. 그때의 심사위원도 역시 동랑이었다.[64] 차범석은 스승 동랑에 대한 존경심을 다음과 같이 고백했다.

평생 연극을 위해 극작가로, 연출가로 그리고 연극 교육가로 혼신의 힘을 기울이다 돌아가신 선생의 인생역정은 영원한 나의 스승이요, 연극의 길잡이심에 틀림이 없다.[65]

셰익스피어 문학의 거봉, 여석기

여석기(呂石基)는 연기자도 아니고, 연출을 해본 적도 없으며 단막극 하나 써본 적이 없다. 그런데 한 예술종합지가 선정한 현대 한국연극대표자 10인 중 한 명에 들어있다. 여석기는 그 이유에 대해 "한국연극이 필요로 하는 사람을 키우는 데 도움을 주었고, 한국연극을 발전시키는 데 필요한 쓴 소리를 꽤 많이 하였다. 또 '연극비평'이란 것을 개척한 선구자이고, 새로운 극작가를 발굴하는 데 도움이 됐으며 「연극평론」이란 잡지도 냈다. 아울러 우리 연극의 국제화에 기여한 국제극예술협회(ITI: International Theater Institute) 한국본부장을 지냈고, '베세토 연극제'라는 것도 만들었기 때문"이라 밝혔다.[66]

여석기는 동경제국대학 영문과에 입학했으나 학도 징용으로 학업을 마치지 못했다. 그래서 광복 후 경성대학 법문학부 영문학과로 편입해 졸업했다. 그 후 서울대학교 문리과대학 예과 강사를 거쳐 대구사범대학 영어과 전임교수로 근무했고, 고려대학교 영문학과 전임교수로 자리를 옮겼다. 바로 그때 동랑과의 인연이 시작되었다.

여석기는 동랑의 인도(引導)로 한국연극 현장에 들어섰다. 그동안 여석기는 연극에 관심을 가지고 연극계를 동경만 해왔지만 기회가 없어 서재 밖으로 나가지 못했다. 그런 그를 서재 밖으로 이끌어 준 사람이 바로 동랑이었다.[67] 여석기와 동랑의 만남은 셰익스피어의 『햄릿』 번역 때문이었다. 동랑이 드라마센터 개관기념작으로『햄릿』을 정했고, 이에 대한 번역을 생면부지(生面不知)의 여석기에게 맡긴 것이었다. 당시 햄릿에 대한 번역본은 시중에 여럿 나와 있었으나 동랑은『햄릿』을 새롭게 번역해 올리고 싶어 했다. 그래서 실력 있고 참신한 영문학자인 여석기에게 새로운 번역을 맡긴 것이다. 여석기는 동랑의 따뜻한 지도 속에『햄릿』번역을 마쳤다. 그리고 셰익스피어의 작품을 처음 번역하면서 동랑으로부터 '대사의 어미처리에 대한 매우 귀중한 배움을 받을 수 있었다'고 고백했다.[68]

여석기는 동랑이 드라마센터 부설 교육기관으로 설립한 한국연극아카데미 초대원장을 지냈다. 동랑은 드라마센터를 구상할 때부터 여석기를 핵심멤버로 생각했던 것 같다. 그래서 여석기에게 드라마센터 개관기념작품인『햄릿』의 번역을 맡겼고, 공연을 마친 후 한국연극아카데미 원장으로 임명한 것이다.

여석기는 드라마센터 시절, 한국연극아카데미에서 비롯된 극작워크숍을 가장 보람 있던 일로 회고했다.[69] 당시 아카데미 교수진은 동랑을 비롯해 여석기, 오화섭, 박용구, 이진순, 김정환, 김정옥, 양동군, 이두현, 김갑순 등으로 당대 최고의 전문가로 구성되었다. 교육방식도 강의와 실기를 병행하되 수업 연한 2년 동안 매년 두 번씩 네 번 정도 작품을 출연, 심사를 받아 진학, 졸업시킨다는 프랑스 국립연극학교의 교육방침을 적용했다. 학생은 연기과와 연구과로 선발했는데 연구과는 대학원 수준이었다. 여석기 교수는 연구과의 극작 전공반 학생들을 대상으로 극작 워크숍을 지도했다. 학생들은 신춘문예(희곡)와 연극 현장에서 이름을 날렸다. 그 대표적인 인물로 노경식, 오재호, 윤대성, 오태석, 박조열, 이재현, 박영희, 이강백, 이언호 등을 들 수 있다. 이때부터 한국연극계에 극작워크숍의 존재가 크게 부각되었다.[70]

여석기는 1962년에 건립된 드라마센터를 '행복했던 1960년대 한국 연극의 심벌'이라 했다. 그리고 동랑의 '드라마센터 건립'이라는 거대한 계획을 '유치진의, 유치진에 의한, 유치진을 위한 프로젝트'라고 표현했다.[71] 또 동랑의 거대한 꿈을 '그랜드 디자인'이라 불렀는데, 한국연극을 위한 그랜드 디자인은 동랑이 록펠러 재단의 세계연극계시찰 초청을 받으면서 시작됐다고 할 수 있다. 이러한 특혜로 인해 동랑은 한국연극계 일부의 시샘을 받기도 했다.[72] 결국 그 시샘은 후에 동랑에게 큰 상처를 안겨주었다.

여석기는 동랑의 일제치하 말기 친일 행적에 대해 조심스럽게 입을 열면서 무겁게 '한 마디'했다. 그동안 동랑과 오랫동안 함께 일하면서 동랑이 어떠한 사람인지 알게 되었는데, 시대와 세상이 그런 사람에게 너무 가혹하게 대하고 있음을 다음과 같이 털어 놓았다.

> 그런 그에게 들이닥친 시련은 일제 말 친일 어용과 관련된 일련의 연극 활동이다. 면죄부가 일체 허용되지 않는 이 부분

에 대해 나는 말을 삼가겠지만, 한 마디 하고 싶은 이야기가 있
다면 세대적으로 그 억압과 치욕과 울분, 호소할 길 없는 절망
의 세월의 아주 말단에서(나는 그의 17세 연하다.) 보고 듣고
느끼고 한 것이 있기에 '일은 결코 단순한 것이 아니다'라는 그
복잡한 속내를 어렴풋이나마 느낄 수 있다. 대저 직선적인 이
분법적 사고, 엄정주의(rigorism), 마녀 사냥, 비관용(非寬容) 이
런 것들은 사람을 얼마나 슬프게 하는 것인가.[73]

동랑의 가족들

심재순

심재순(沈載淳)은 훌륭한 가문의 외손녀로 숙명여학교를 졸
업하고 이화여전을 다니다 동경여자미술학교를 졸업한 신여
성이었다. 일본유학 시절 영화를 무척 좋아했고, 영화배우가
되는 것이 꿈이었다. 그러나 집안의 반대로 꿈을 이루지 못했
다. 심재순은 귀국 후 동랑이 교사로 근무했던 경성미술학교
에서 미술교사로 재직하다 동랑을 만나게 되었는데, 원래 미
술보다 영화와 연극에 관심이 많아 동랑과 이에 대해 많은 이
야기를 나눴다. 심재순은 극예술연구회를 물심양면으로 도와
주었을 뿐만 아니라 당시 희곡 습작도 하고 있었다. 그러다
1935년 「조선일보」 신춘문예에 『줄행랑에 사는 사람들』이란
단막극 작품이 당선되었다.

심재순은 동랑이 일본에 연출을 공부하러 갔다가 귀국한

갈월동 집 앞에 선 동랑 내외

후 금강산에서 결혼식을 올렸고, 결혼 후 동랑의 연극운동을 위해 온갖 뒷받침을 다했다. 심재순은 동랑이 현대극장을 만들어 운영할 때부터 드라마센터를 건립하기까지 들어간 비용 마련을 위해 수십 년 동안 애지중지해 온 국보급 보물과 패물을 모두 팔기까지 했다. 명문가 출신의 외동딸이어서 약 300석 지기의 땅을 물려받는 등 적잖은 유산도 갖고 있었다. 심재순에게 그 땅과 보물, 패물은 마치 자신의 생명과 같은 것들이었다. 심재순은 이렇게 소중한 것들을 전부 처분하면서도 동랑에게 전혀 내색하지 않았다. 더구나 심재순은 드라마센터를 운영하면서 경제적인 고통을 심하게 받아 병까지 얻었다. 여기에 막내 유세형이 늘 병치레를 하는 터라 그 걱정까지 더해 병은 깊어졌다. 심재순은 점점 더 수척해 갔고 음식도 제대로 들지 못했으며 신경성 심장병과 위장병을 앓는 등 건강은 더욱 악화되었다.

심재순은 동랑이 세상을 떠난 후 학교법인 이사장직을 이어받아 제2대 이사장에 취임했고, 16년 동안 직책을 수행하다 83세로 세상을 떠났다. 이렇듯 드라마센터에는 심재순의 모든 희생이 담겨있다. 그녀를 기리기 위해 드라마센터에는 '심재순관'으로 명명된 건물이 들어서 있다.

장녀 유인형

유인형(柳仁馨)은 동랑의 장녀로 이화여대에서 영문학을 전공하고 미국 유학을 떠나 베일러 대학의 베이커 교수 밑에서 연극을 공부했다. 유인형은 동랑이 회갑을 맞을 때 귀국했는데, 사실 동랑은 딸이 외국어에 능통하고 예술적 감각도 뛰어나 연기자로 대성시키고 싶어 했다.

유학에서 돌아온 유인형은 동랑에게 뮤지컬 연출을 시도하겠다고 제의했다. 작품은 『포기와 베스』였다. 『포기와 베스』는 동랑이 청년 시절 극예술연구회에서 처음 무대에 올린 작품이었고, 드라마센터 개관 당시에도 음악을 삽입해 공연한 작품이었다. 동랑은 유인형의 제안을 흔쾌히 받아 들였고, 유인형은 처녀 연출에 혼신의 노력을 다했다. 그리고 6개월 동안의 연습을 마친 뒤 드라마센터에서 막을 올렸다. 당시 연기자와 제작진은 호화 멤버로 구성됐다. 뮤지컬 공연은 보름 동안 지속됐는데 관객들과 전문가의 평가도 매우 좋았다. 그 결과 『포기와 베스』는 그해 '동아연극상'을 휩쓸었고, 유인형은 여성 최초로 연출상을 받았다. 동랑은 딸의 연출 재능을 새롭게 발견했다.

유인형은 이듬해에도 서울연극학교 졸업생과 재학생을 데리고 존 스타인벡의 『생쥐와 인간』을 연출했고, 두 작품의 연출로 자신감을 얻었다. 이로써 동랑은 자신의 딸이 신극사에 있어 보기 드문 여성으로 대성할 것임을 굳게 믿었다. 그래서 동랑은 딸이 결혼하기를 원치 않았다. 유인형이 가정을 갖기보다는 이 땅의 연극을 위해 순사(殉死)하기를 원했기 때문이다. 그런데 유인형은 동랑의 제자인 안민수와 결혼했고, 남편과 함께 미국 하와이로 유학을 떠났다. 이후 미국에서 돌아온 유인형은 동랑의 교육 사업을 이어받아 서울연극학교 2대 교장을 역임했다. 그는 서울예술대학교 석좌교수로 계속 학생들을 가르치고 있다.

장남 유덕형

유덕형(柳德馨)은 동랑의 장남이다. 그는 연세대에서 영문학을 전공하고, 미국 트리니티 대학·대학원 연극학과를 졸업한 뒤 예일대 대학원 박사과정을 수료했다. 유덕형은 미국 유학 중에 이미 『알라망(김창활 작)』으로 신선한 연출감각을 인정받았을 뿐 아니라 그로토프스키(Jerzy Grotowski)나 피터 부룩(Peter Brook)의 연출기법에 숙달된 점 그리고 미국의 연극지도자 앨런 스튜어트(Allen Stewart)가 이끄는 소극장 '라마마'와의 인연으로 미국에서는 이미 기성연극인으로서 두각을 나타냈다. 특히 유덕형은 예리한 감수성과 동서양 연극을 넘나드는 범코스모폴리탄적 예술 감각에서 타의 추종을 불허했다. 그의 완벽주의와 철저한 탐구적인 작업방식은 연극계의 신선한 자극이자 하나의 반성과 대립을 불러들인 '태풍의 눈'이었다.[74]

유덕형은 귀국한 뒤 한 학기 동안 학생들을 지도해 신극 사상 최초로 '연출작품 발표회'를 개최했다. 동랑은 유덕형의 연출을 보고 "상상력이 풍부해 사유를 극대화시켰고, 지나치게 추상적이며 동적이고 관객을 생각하게 만드는 도전적 연출"이라 평했다. 특히 유덕형의 독창성을 높이 평가했다. 우리의 전통 예능과 무술 등을 원용하면서 동양적 차원에서 수용하려 한 시도를 의미 있게 본 것이다. 동랑은 이전부터 우

동랑과 첫째 덕형, 둘째 세형

리 전통의 극술을 현대적으로 계승·발전할 것을 제창한 바 있었다. 이러한 동랑의 정신을 유덕형이 계승한 것이다.

유덕형 연출의 『초분(오태석 작)』은 드라마센터 레퍼토리 극단에 의해 초연된 극으로, '초분(草墳)'이라는 한국 전통 장례문화 가운데 하나를 무대화한 작품이었다. 이 연극은 국내에서도 센세이션을 일으켰고, 이후 오프오프 브로드웨이(Off-Off-Broadway)의 라마마 극단에 의해 뉴욕 무대에서 선보이게 되었다. 이 공연에 대해 현지 언론은 서양 연극이 표현하지 못한 소재와 표현방식을 통해 새로움을 주었다는 찬사를 보냈다.[75] 그리고 급기야 전 세계 신문의 문화면이 아니라 일면 톱뉴스를 장식하게 되었는데, 이 연극이 자유세계 최초로 철의 장막을 뚫고 모스크바 세계연극회의에 초대된 사건 때문이었다.[76] 유덕형은 국제극예술협회(ITI) 한국대표로 러시아(구 소련)를 방문한 것이었다.

유덕형은 극단 드라마센터를 '동랑 레퍼토리 극단'으로 개칭하고 활발한 연출활동을 시작했다. 레퍼토리 극단은 『하멸태자』와 『태』 두 개의 작품을 갖고 미국, 프랑스, 네덜란드 등 16개 도시에서 48회 공연을 했다. 유덕형은 『초분』과 『생일 파티(해럴드 핀터 작)』 『마의태자』 『봄이 오면 산에 들에(최인훈 작)』를 연출해 1980년 한국일보사가 제정한 '한국연극영화상'에서 대상을 수상하고 드라마센터의 창립정신을 굳혀갔다.[77]

이후 유덕형은 서울예술전문대학의 학장, 학교법인 이사장을 맡게 됨으로써 실질적으로 작품 활동은 불가능하게 되었다. 하지만 동랑이 심어 놓은 씨앗에서 싹이 터 자란 학교를 보다 훌륭하게 육성하려고 전력투구하였다. 유덕형에게 서울예술대학교는 자신의 생명과 다름없다. 그는 현재 서울예술대 총장으로 예술인재 육성에 모든 것을 바치고 있다. 차범석은 유덕형이 이룬 교육적 업적에 대해 다음과 같이 평했다.

유덕형은 연출가로서의 대성이나 꿈은 있었지만 한꺼번에 두 마리 토끼를 잡을 수는 없었다. 그래서 '학교 건설'이라는 한 마리 토끼를 향해 전력투구하여 마침내 오늘의 '서울예술대학교'라는 걸작을 창작한 것이다. 착상부터 완공까지 안산캠퍼스에서 꼬박 10년 모든 것을 불사른 유덕형의 예술혼은 연극보다 교육 쪽에 기울어진 느낌이 없지 않지만, 보다 대승적인 시각에서 보았을 때 '참된 예술혼은 참된 교육에서 비롯된다'고 본다면 드라마센터의 설립정신을 40년 만에 활짝 꽃피우게 했다.[78]

둘째 유세형

유세형(柳世馨)은 동랑의 둘째 아들이다. 그는 동국대 영문학과를 졸업하고, 미국 서던 메소디스트(Southern Methodist) 대학에서 영화예술석사학위를 받았다. 이후 헐리웃 유니버셜 스튜디오에서 영화미술가로 활동하다 귀국해 서울예술전문대 영화과에서 학생들을 가르쳤고 동국대 연극영화과 교수로 초빙되었다. 유세형은 특히 노래와 그림, 글을 쓰는 데 뛰어난 실력을 지니고 있어 시대를 훨씬 앞선 영상음악과 비디오 아트의 실험적인 단편작품을 많이 창작했다. 1963년 「동아일보」는 유세형이 24살에 벌써 국내 최고의 포크 싱어로 활동했다는 사실을 다음과 같이 전한다.

> 3~4년 전부터 미국에서 붐을 일으키고 있는 '포크송'은 대학 구내나 시원한 야외에서 듣는 것이 안성맞춤이다. 구슬픈 전설 그리고 입에서 입으로 전해 내려온 포크송은 부르는 사람이 객관적인 의견을 삽입해 무드를 조성하고, 기타 반주로 이야기하듯 불러야 하는 만큼 세련된 기교를 앞세우는 포퓰러 싱어와는 인연이 멀다. …… '유세형 포크 싱어'의 리더 격인 유세형 군(24)은 동국대 영문학과를 졸업, 미국에서도 세 편의 영문소설을 발표한 스토리텔러다. …… 미국 프린스턴 대학 출신 존스 씨에게서 자극을 받아 3년 전부터 포크 송을 시작한 유 군은 "별다른 기교 없이 청중들과 이야기를 주고받듯 은은히 불러야 한다"고 포크송의 매력을 말해준다. …… 이들이 즐겨 부르는 포크송은 '라이자여, 돌아오라' '나는 너를 정말 사랑해' 등 여러 곡이다.[79]

그러나 유세형에게는 지병인 심장병이 있었다. 부산 피난 시절에도 심장병을 앓았는데 상태가 나아지지 않았다. 그 결과 유세형은 사경을 헤맸고, 수녀들이 와서 종부성사(죽을 위

험에 놓였을 때 받는 가톨릭 의식)까지 주었다. 이를 계기로 동랑을
비롯해 모든 가족들이 성당에 다녔는데, 유세형은 가족들의
신앙 덕분에 다행히 소생했다. 하지만 계속 건강이 좋지 않아
심장 옆에 맥박을 뛰게 하는 보조기계를 달고 살아야 했고,
아깝게도 42세의 젊은 나이로 세상을 떠났다.

사위 안민수

안민수(安民洙)는 한국외국어대학교에서 불문학을 전공하
고, 서울연극학교에서 연극을 전공했으며 졸업 후 동랑이 설
립한 극단 드라마센터에 입단해 연기자로 활동했다. 그러다
동랑의 장녀인 유인형과 결혼해 부부가 함께 연극 공부를 위
해 미국으로 유학을 떠났다. 유학에서 돌아온 안민수는 드라
마센터 동랑 레퍼토리 극단에서 연출가로 활동하며『리어왕』
『태』『하멸태자』『보이체크』『소』『초혼』『길』등을 연출했다.
특히 안민수는 동랑 생전에 셰익스피어의『리어왕』을 번안해
연출했는데 동랑으로부터 '작품 해석과 감각이 뛰어나다'는
평가를 받았다.

안민수가 연출한 작품의 수는 총 8편 밖에 되지 않지만, 그
의 작품은 재공연하는 경우가 많았다. 더욱이 국내 처녀 연출
작인『리어왕』에서부터『길』이라는 마지막 작품에 이르기까
지 그의 작품들은 매번 새롭게 관객과의 만남을 시도했다. 그
리고『햄릿』을 번안한『하멸태자』를 기점으로 스스로 극작을
겸하는 연출가가 되었다.[80] 이후 안민수는 미국 록펠러 재단

과 뉴욕 라마마극장 초청으로 『하멸태자』와 『태』를 가지고 한국연극 사상 최초로 미국과 유럽의 여러 도시 순회공연을 가지며 해외 언론의 극찬을 받았다.[81] 『하멸태자』에 대해 현지 언론에서는 '무대 구성과 조명이 서양 스타일과 전혀 다르게 정교하게 움직이며 배우와 조명이 함께 대화하는 듯 꽃꽂이처럼 잘 정돈된 작품'이라 극찬했다. 이는 이 작품이 셰익스피어의 『햄릿』이 아닌 한국적 연극작법에 의해 만들어진 『하멸태자』 그 자체로 인식되었기 때문이다.[82]

안민수는 연기자로도 활동했는데 드라마센터에서 연기자로 참여한 대표작품으로는 『나도 인간이 되련다』 『이름 없는 꽃』 『산하는 푸르러지리』 『인간적인, 진실로 인간적인』 『동굴』 『소매치기』 『포기와 베스』 등이 있다.

안민수는 서울예술전문대학 연극과 교수를 거쳐 동국대학교 연극학과 교수가 되었다. 동국대 연극학과는 동랑이 설립했고, 초대 학과장으로 학생들을 가르친 곳이다. 이후 안민수는 동국대학교에서 예술대학장과 문화예술대학원장을 맡았으며 그곳에서 정년퇴직해 석좌교수로 재직 중이다. 또 서울예술대학 학장을 역임하고, 현재 학교법인 동랑예술원의 이사로 있다.

유치진에 대한 일화

동랑에 대한 제자들의 기억

동랑 선생님은 정이 참 많은 분이셨다. 우리가 학교에 다니던 시절은 모든 게 무척이나 궁핍하고 어려웠다. 전무송과 나는 하숙비가 없어 학교에서 약 8개월 동안 먹고 자며 수업을 들었다. 학교 앞이 바로 명동이라 젊은 기분에 저녁때만 되면 둘이 명동을 어슬렁거리면서 술을 한 잔씩 하고 돌아왔는데, 가끔 너무 늦어 교문이 닫혀 있는 날에는 담을 타고 들어오는 수밖에 없었다.

그런데 어느 날 담을 넘어 학교 안으로 막 들어오는데 동랑 선생님이 그 앞에 딱 서 계셨다. 우리는 오금이 저렸다. 이젠

죽었다고 생각했다. 그런데 선생님은 야단은 치시지 않고 우리를 한참 바라보시다가 "밥들은 먹고 다니는 거냐?" 물으셨다. 그래서 우리는 "아, 예!"라고 대답한 뒤 교실로 도망갔다. 당시 교실은 우리 숙소였다. 내가 전무송보다 나이가 좀 많아 나는 책상 위에서 자고, 전무송은 의자를 쭉 모아 잤다. 다음 날 눈을 떠보니 머리맡에 3천 원이 있었다. 빈속에 술만 마시지 말고 밥도 사 먹으라며 선생님이 두고 가신 돈이었다. 그 때 너무나 고맙고 죄송해 참 많이 울었다. 동랑 선생님은 그런 분이셨다.

- 민지환(연기자)[83]

　　원래 내 이름은 신순기다. 동랑 선생님이 '신순기'는 배우 이름으로는 너무 촌스러우니 하나 지어주시겠다 말씀하셨다. 그 후 한 달 동안 아무런 말씀이 없으셨다. 나는 선생님께서 이름 지어주시는 것을 잊으셨다고 생각했다. 그런데 어느 날 선생님께서 나를 서재로 부르시더니 종이에 내 이름을 불쑥 써서 내미셨다. 바로 '신구(申久)'였다. 그때는 그게 무슨 뜻인지 모르고 황송하기만 했다. 내게 영원히 붙어있는 선생님의 그림자는 바로 내 이름의 두 글자 '신구'다.

- 신구(연기자)[84]

　　나는 인천에 있는 서울신문 배급소에서 영업사원 일을 하고 있었는데, 어느 날 당시 지사장이었던 분이 배우가 되고 싶었던 나에게 연극표 두 장을 주었다. 드라마센터 개관작품인 『햄릿』의 표였다. 나는 인천에서 길을 물어 남산드라마센터까지 갔다. 빨간 카펫을 깔아놓은 문을 열고 들어서니 이제까지 보지 못했던 극장이 나타났다. 연극을 보는 동안 나는 내내 무아지경이었다. 이렇게 진지한 연극은 난생 처음이었고 배우들도 너무 멋있었다. 당시 햄릿 역의 김동원 선생님이 흰 조명 아래서 칼을 들고 "사느냐, 죽느냐, 이것이 문제로다!"소리치는 그 순간, 내가 하고 싶은 것이 바로 연극이라는 느낌을 강하게 받았다.

나는 남은 표를 들고 이튿날 또 연극을 보러 갔다. 연극이 끝나고 연극아카데미 학생모집 광고를 보게 되었는데, 바로 시험을 봐야겠다고 결심한 후 인천으로 돌아왔다. 그 후 입학원서를 내고, 나는 연극아카데미 1기생이 되었다.[85] 하지만 학교를 졸업하고는 배우로서 살길이 막막하고 불안했다. 그 불확실성 때문에 술에 빠져 하루하루를 불평불만 하면서 보냈다. 그러던 어느 날 동랑 선생님께서 나를 방으로 불러 앉히시더니 담배 한 대를 주시면서 불까지 붙여주셨다. 주저하는 나에게 "피워! 넌 술담배도 잘 하고 싸움질도 잘 한다면서? 배우가 무대에 서려면 10년이 걸려! 바르게 말을 하려면 또 10년이 걸려! 넌 이제 시작이야. 배우가 되기 전에 먼저 인간이 되어야 해. 술과 여자를 조심해라. 넌 민들레 씨앗 같은 배우가 되서 이 척박한 연극 풍토에 꽃을 피워야 해!"라고 말씀하셨다. 그때부터 지금까지 평생 '민들레 씨앗'은 내 인생의 지침이 되고 있다. 동랑 선생님은 그 말씀 속에 아직도 살아계신다.

- 전무송(연기자, 전 서울예술대 교수)[86]

선생님의 마지막 작품인 『사랑을 내기에 걸고』에 출연했을 때였다. 주인공이었던 내가 무대에서 옷을 갈아입는 장면이 있었는데 선생님께서 내 팬티를 보시더니 당장 빨간 팬티를 사오라고 하셨다. 빨간 팬티를 샀더니 입으라 하셨다. 옷을 갈아입는 공연 장면에서 빨간 팬티를 본 관객들의 반응은 그야말로 폭발적이었다. 아무도 생각하지 못한 것을 지적해 주신 선생님의 연출감각에 모두 놀랐다. 그리고 무대로 올라가는 계단 벽에는 〈스타의 시대는 끝났다. 이젠 앙상블의 시대다.〉라는 글이 붙어 있었는데 그것은 선생님께서 직접 쓰신 것이었다. 시대를 앞서간 선생님의 혜안(慧眼)이 놀랍기만 했다.

- 이호재(연기자)[87]

선생님은 연극에 관한 것은 무엇이든 다 소중하게 여기셨다. 무대세트에 박힌 녹슨 못 하나까지 소중히 여기셨다. 선생님은 평상시에는 화를 내지 않으시는 분인데 연극에 관해서는 무서울 정도로 화를 내셨다. 한 번은 이런 경우가 있었다. 선생님의 마지막 작품인 『사랑을 내기에 걸고』를 연습할 때였는데, 나는 당시 그 작품의 조연출을 맡고 있었다. 우리 극단에서는 무대소품을 극장 뒤편에 쌓아두었는데, 어느 날 극장 뒤 창고에 살던 모 교수가 나를 불러 "소품이 자꾸 쌓이고 통로도 비좁으니 버릴 것은 버려라."고 하셨다. 그래서 소품 몇 개를 극장 밖으로 옮겨 놓았다. 그런데 그날 하필이면 비가 왔다. 저녁 때 외출에서 돌아오신 선생님은 그걸 보시고는 나를 불러 무섭게 화를 내셨다. 선생님이 연극 소품 하나에도 깊은 애정을 갖고 계신 것을 그때 깨달았다.

－ 박원경(연출가)[88]

나는 술을 무척 좋아했다. 어느 날 동랑 선생님께서 부르시더니 "동환아, 너는 참 쓸 만한 인물인데 만약 네가 안 될 일이 있다면 그것은 술 때문일 것이다."라고 말씀하셨다. 그 말씀을 들으니 정신이 확 들었다. 그래서 그때부터 술을 절제하기 시작했다. 그리고 선생님은 늘 우리에게 이런 말씀도 하셨다. "앞으로 뮤지컬 시대가 반드시 온다. 그러니 너희들 모두 뮤지컬을 안 하면 안 되니 열심히 배워라." 선생님의 그 말씀은 당시로서는 혁명적이었다. 드라마센터에서 공연했던 『포기와 베스』도 그렇고, 전무송 선배가 주연한 『마의태자』를 락 뮤지컬로 공연했을 때도 그렇고 선생님은 분명 시대를 앞서 간 분이셨다.

또 나는 학교에 다닐 때 선생님으로부터 무대의 막을 올리고 내리는 것을 배웠다. 선생님은 "연극은 막을 여는 것에서 시작해 막을 내리는 것으로 끝난다. 아무리 작품이 좋아도 막이 잘못 올라가면 연극 또한 시작부터 잘못되는 것이다. 막을 내릴 때도 역시 제때 내리지 못하면 마무리가 잘못 되는 것이다."라고 말씀하셨다. 이 말씀은 지금도 내가 무대에 설 때뿐만 아니라 인생을 살아가는 동안 가장 중요한 지침이 되고 있다.

- 정동환(연기자)[89]

동랑 선생님은 참 검소하셨다. 1971년 당시 선생님은 갈현동 집을 처분하고 마땅히 지낼 곳이 없어 몇 년째 극장 뒤에 부엌도 없는 방을 하나 만들어 사모님과 지내고 계셨다. 어느 날 무대세트를 만들던 우리가 못이 떨어져 선생님 사무실로 찾아갔다. 그리고는 "소장님, 못이 떨어져 세트를 만들 수가 없습니다."라고 말씀드렸다. 그랬더니 선생님은 책상 밑에서 이가 빠진 사발 그릇 하나를 꺼내셨다. 거기에는 녹이 슬고 구부러진 못이 잔뜩 들어 있었다. 선생님께서 살아계신 동안 우리는 한 번도 못을 사서 써 본 적이 없다. 공연이 끝나면 다른 사람들은 무대를 대충 정리하고 돌아가는데, 선생님은 꼭 빗자루를 들고 청소하셨다. 그러면 학생들이 세트를 세울 때 버린 못들이 어김없이 나왔다. 우리는 그 못을 다음 세트를 만들 때 다시 사용하곤 했다.

- 양정현(연기자, 전 서울예술대 교수)[90]

우리 학교 출신 선배가 모 극단의 연출로 있었다. 그 선배는 자신이 연출하는 작품에 무대 의상이 모자라자 드라마센터 극장을 찾아왔다. 그런데 선생님의 승낙도 없이 극장에서 무대 의상 몇 벌을 들고 나가다 극장 앞에서 선생님과 딱 마주쳤다. 선배는 사색이 되었다. 무대에서 사용하는 소품 하나하나, 심지어 못 하나까지 내 몸처럼 아끼시던 분이었기 때문에 선생님은 당연히 노발대발하셨다. 또 학교를 다니던 시절, 나는 공부는 하고 싶지만 집이 워낙 가난해 학비를 낼 수 없었다. 선생님은 나의 그런 사정을 아시고 학비를 내지 말고 그냥 다니라 하셨다. 그래서 세 학기 동안 학비를 내지 않고 다니기도 했다.

내 이름에 대한 일화도 있다. '염우형'이라는 내 이름은 남들이 발음하기 어려웠다. 그런데 어느 날 선생님이 나를 부르시더니 "너는 학교에서는 네 이름을 그냥 발음 나는 대로 '여무영'이라고 해라. 그게 훨씬 더 부르기 쉽고 기억하기 좋다."라고 말씀하셨다. 이후 그 이름은 그대로 나의 이름이 되었다.

　　　　　　　　　　　　　 - 염우형(연기자, 서울예술대 교수)[91]

나에게도 인상 깊은 추억이 있다. 동아일보 신춘문예 희곡에 내 작품 『출발』이 당선됐다. 동랑 선생님은 드라마센터에서 그 작품의 연출을 직접 맡으셨다. 나는 당시 은행원이어서 연습장에 자주 가지를 못했다. 그런데 어느 날 선생님께서 조연출을 나에게 보내셨다. 내 작품의 대사 한 줄을 고치려는데 이를 허락하겠는지 물으러 보내신 것이었다. 나는 조연출이 내보이는 그 대사 한 줄을 보고 깊이 감동했다. 그냥 선생님께서 고칠 수도 있는데 그걸 신인 작가에게 허락을 받으려는 모습에 깊이 감동한 것이다. 선생님은 그런 분이셨다. 자신이 작가였기 때문에 작가를 존중하시는 분이었다.

- 윤대성(극작가, 서울예술대 교수)[92]

드라마센터에서 몰리에르 탄생 300주년 페스티발을 한 적이 있다. 당시 여섯 개 단체가 각각 다른 작품을 공연하는데, 동랑 선생님께서 "우리는 작가도 있고 하니까 번역극을 그대로 하지 말고 우리 연희로 번안해서 하는 것이 좋겠다."고 하셨다. 작품도 마침 마땅한 게 있다고 추천을 해 주시는데『스까뺑의 간계』라고 해서 하인이 주인을 골려먹는 얘기였다. 그게 우리 산대(山臺) 얘기랑 바로 통하는 것이니 능력껏 잘 만져보라는 것이었다. 그런데 나는 우리 것하고는 전혀 면식이 없어 판소리도 모르고 탈춤도 몰랐다. 하지만 선생님의 말씀인데 그 앞에서 "도저히 못하겠습니다." 이렇게 말할 수는 없었다. 그때 나는 비로소 산대와 봉산탈춤, 오광대(伍廣大)를 전부 훑어볼 수 있었다.

- 오태석(연출가, 서울예술대 교수)[93]

동랑의 아내 심재순에 대한 추억

동랑 선생님의 사모님이셨던 심재순 여사님은 모습이며 행동이 참 정갈하면서도 단아한 분이셨다. 동랑 선생님만큼이나 연극을 사랑하셨고, 남편에 대한 존경심이 깊었기 때문에 평생 조용히 그리고 묵묵히 선생님을 내조하셨다. 남편의 뜻에 따라 가족이 사는 집까지 흔쾌히 내놓으셨다.

— 한미숙(연출가)

심재순 여사님은 부모님에게서 물려받은 재산까지 모두 드라마센터를 짓는 데 쏟아 붓고, 극장 뒤쪽에 변변한 부엌도 없는 곳에서 사셨다. 그래도 연초에 동랑 선생님께 세배를 가면 사모님께서는 당시 귀했던 카스테라와 양과자, 커피를 준비하셨다가 우리에게 주시곤 하셨다. 그리고 복혜숙 선생과 석금성 선생, 신카나리아 선생 등이 여사님을 뵈러 남산에 자주 올라왔는데 여사님께서는 형편이 좋지 않으심에도 불구하고 그분들이 오면 꼭 얼마라도 용돈을 챙겨주셨다.

— 박원경[94]

동랑 선생님의 둘째 아들인 유세형 교수가 영화를 전공하게 된 것도 여사님의 영향이 컸다. 설날이 되면 당시 유명했던 김수용 영화감독이나 복혜숙, 석금성 선생 같은 분들이 꼭 세배를 하러 왔다. 여사님께서 영화를 무척이나 좋아하셨기 때문이다. 또 여사님은 정말 흐트러짐이 없으셨고 신비스러움이 많은 분이셨다. 대화할 때도 조용조용 말씀하셨고, 결코 화를 내는 법이 없으셨다.

— 양정현[95]

우리가 학교를 다닐 때는 여사님께서 학교에 모습을 잘 드러내지 않으셨다. 사는 곳이 학교 안이었음에도 불구하고 모습을 뵙기가 어려웠다. 여사님께서 이사장이 되시고도 가능하면 공식적인 자리에만 나오려고 하셨다. 가끔 교수들을 초대해 어려운 점과 불편한 점을 물으셨는데 이때도 대부분 듣기만 하셨다.

- 조운용(연기자, 서울예술대 교수)[96]

여사님은 영화를 좋아하셨기 때문에 영화를 함께 구경하며 예술에 대해 이야기 나눌 수 있는 동지를 원하셨다. 당시 경향신문 문화부 김유경 기자와 한국일보 연극담당 구희서 기자가 여사님의 동지들이었다. 대화의 중심은 항상 영화와 연극 그리고 음악이었다. 특히 영화 『황혼의 샤를르보와이』에 대한 이야기를 즐겨 하셨다. 여사님은 "예술가란 절대적인 그 무엇에 몰입해 절대적으로 자기를 헌신하는 사람이며 그럴 때 가장 아름답다."고 말씀하였다. 또 "예술은 미치광이 같은 열정이 없으면 할 수 없는 것이기 때문에 마치 종교와 같다."는 말씀도 하셨다. 그래서 늘 열정적이었고 그런 열정을 함께 나눌 수 있기를 원하셨다.

여사님은 극장 밑 골방에 사셨다. 그 협소하고 옹색한 곳에 여사님과 함께 앉아있으면 무대에서 연습하는 소리, 무대장치 소리, 극장 주변에서 학생들이 떠드는 소리가 들렸다. 여사님께서는 그 소란스러움과 혼잡함을 잘도 견디셨다. 그 모습을 옆에서 보기가 참으로 안타까웠다. 여사님은 전망이 훤히 터진 하얏트호텔 커피라운지를 자주 찾으셨다. 여사님은 그곳에서 음악을 들으며 커피를 마셨다. 남산 골방의 답답함을 풀어내는 유일한 통로가 바로 그곳이었다.

                               - 송혜숙(전 서울예술대 교수)

  심재순 여사님은 영화감독이 되고 싶어 하셨다. 동랑 선생님이 쓴 시나리오로 본인이 메가폰을 잡고 영화를 만드는 것이 꿈이었다. 그래서 영화 카메라를 사려고 돈을 모았다. 하지만 곧 동랑 선생님에게 돈 쓸 일이 생겼고, 그러면 모아둔 돈을 주셨다. 여사님은 드라마센터 다락방에 살면서도 학생들이 연습하는 소리, 무대장치 만드는 소리를 즐거운 마음으로 들으셨다. "그 소리들은 리듬이야. 연극이 살아있는 숨소리야. 저 소리들은 내 생명을 유지시키는 동랑의 숨 쉬는 소리야. 그리고 저 소리는 내 자장가 소리야."라고 말씀하셨다.

                       - 박윤초(연기자, 서울예술대 교수)

유치진에 대한 비판의 목소리

친일 행적

노무현 정부 시절 구성된 '친일반민족행위 진상규명위원회'가 작성한 '일제강점기 말기 친일반민족행위자 704인 명단'에는 동랑 유치진이 포함되어 있다. 그리고 사설기구인 민족문제연구소에서 펴낸 『친일인명사전』 4,389명에도 동랑이 포함되어 있다. 인명사전은 동랑의 친일행적을 다음과 같이 서술하고 있다.

유치진(柳致眞, 1905~1974)은 1940년 12월 결성된 조선 연극협회의 이사에 취임하면서 친일의 길에 접어들었다. 이 단체는 연극의 건전한 발달과 연극인의 질적 향상을 꾀하여 문화의 신건설에 공헌하자는 명분 아래 결성되었다. 이어서 유치진은 조선연극협회의 외곽지원단체인 극작가동호회의 대표로 취임했다. 이 단체에는 당대 대표적인 극작가 12명이 소속되어 있었다. 한편 다른 연예단체인 조선연예협회는 1942년 3월부터 연예 각본을 대대적으로 모집하기 시작했는데 유치진은 서항석, 박영희, 안종화, 유진오 등과 함께 심사위원으로 위촉되었다.

유치진의 친일활동은 협회 활동을 벗어나 자신이 창단한 극단인 현대극장을 통해 활발하게 이루어졌다. 국민연극의 이론 수립과 실천을 표방하면서 설립된 이 극단은 평양의 부호 박승업과 신고(辛五窓三)의 재정적 후원 아래 창단되었다. 현대극장에서 창립공연으로 선을 보인 작품은 『흑룡강』이었다. 유치진 작, 주영섭 연출, 이원경 장치, 박용구 음악, 박의원 조명으로 이루어진 『흑룡강』은 1941년 6월 6일부터 사흘간 부민관에서 막을 올렸다. 이 작품은 만주사변에서 만주국 건국에 이르기까지 온갖 고난 속에서도 만주 건국을 향한 이상을 실현한다는 주제로 민족 상극보다 민족 협화로 발진하는 대동아 건설의 일단을 구상화한 것이었다.

이후 현대극장은 『흑룡강』을 1941년 8월 인천 애우관에서 재공연했다. 1942년 현대극장은 유치진 작, 주영섭 연출의 『북진대』로 첫 공연을 가졌다. 1942년 4월 4일부터 나흘간 부민관에서 이루어진 공연은 경성 대화숙에서 주최하고 「매일신보사」가 대대적으로 후원에 나섰다. 이 작품은 러·일 전쟁을 배경으로 이용구의 일진회가 일본을 도와 전쟁 승리에 크게 기여했다는 내용을 담고 있는데, 친일 행각을 적극적으로 옹호하며 이용구를 비롯한 친일 인사들의 매국 행위를 긍정적으로 부각시키고자 했다. 『북진대』에 이은 신작은 제1회 연극경연대회 출품작품인 『대추나무(서항석 연출)』였다. 이 작품은 조선농민들의 만주 이주를 통한 분촌(分村)운동을 그린 것으로 1942년 10월 부민관에서 공연되었다. 아직 연극의 신체제가 확립되지 않은 분위기에서 노골적으로 일제의 정책을 충실히 작품화한 유치진은 이 작품으로 연극경연대회 개인상으로는 최고의 영예인 작품상을 수상했다.[97]

동랑의 사연

조선총독부에서 동랑에게 연락이 왔다. 경무국에서 사무관으로 근무하는 성출(星出)이란 사람이 동랑에게 극단 만들기를 강요했다. 총독부가 사주하는 극단을 만들라는 것이었다. 동랑은 단호히 거절했으나 총독부에서는 다시 동랑을 호출했다. 하지만 동랑은 또다시 거절했다. 그러자 동랑이 대화숙(大和塾) 리스트에 들어 있다면서 협박했다. '대화숙'은 일제가 조직한 단체로 조선인 독립운동가를 비롯한 사상범을 집단관리하고 관찰하며 전향시키기 위한 사상교화단체다. 이윽고 형사가 동랑을 경찰서로 끌고 갔다. 동랑이 각색한 작품인 『춘향전』이 공산주의 계급투쟁을 암시한 작품임을 인정하라는 것이었다. 동랑은 당연히 부정했고, 일주일 동안 심문을 당했다.

이후 함대훈 등 주변 연극동지들이 찾아와 다시 연극을 하자고 동랑을 재촉했다. 그들은 신극사(新劇史)의 맥을 이어야 한다는 논리를 폈고, 동랑은 이에 동의했다. 그 무렵 조선총독부의 사주로 '조선연극협회'가 결성됐다. 조선연극협회가 결성되자 총독부는 청춘좌, 호화선, 예원좌 등 신파단체 9개 극단만 인정하고, 나머지는 모두 해산시켜 버렸다. 그리고 연극인들도 시험을 보게 만들어 합격자에 한해 '기예증(技藝證)'이라는 것을 주었다. 그 증서가 없으면 무대에 설 수도 없었다. 연극인들은 총독부의 완전통제 속에 놓여 있는 셈이었다. 따라서 당시 연극 활동을 한 사람들은 극단적으로 말해 모두 일제의 협력자였다고 할 수 있다. 총독부는 동랑을 반강제로 조선연극협회 이사에 등재시켜 놓고, 회유와 협박을 하기 시작했다. 국민연극 활동을 하라는 것이었다. 동랑은 총독부의 요구를 거꾸로 이용해 연극인재를 양성하겠다는 결심을 했다. 그리하여 국민연극을 내세운 새 극단 '현대극장'이 탄생했고, 대표는 동랑에게 맡겨졌다.

현대극장이 조선총독부의 사주에 의한 어용극단이었음은 두말할 필요도 없다. 그러나 암흑시대에도 신극의 맥은 이어야 한다는 생각으로 유능한 연극인들이 대부분 참여했다. 그 면면을 보면 함대훈, 서항석, 주영섭, 김동원, 이해랑 등이었다. 과거 극예술연구회 단원이 주축이 되고 토월회, 학생예술좌 출신이 더해져 만든 극단이 현대극장이었다. 신극의 맥을 잇는다는 사명감으로 참여한 이해랑은 뒷날 회고에서 현대극장에 대해 다음과 같은 글을 남겼다.[98]

현대극장 소개 벽두부터 나는 분명히 신극사의 최후 보루로서 그 공로를 앞세웠다. 그러나 어떤 사람은 극단 현대극장이 과연 순수 동기의 민족극단이었나를 의심하며 오히려 일제가 목적한 침략전쟁 수행완수와 민족문화 말살정책에 동조했던 반동(反動) 연극단체였다고 말할 지도 모른다. 그러나 이런 태도는 불행한 결과론이며 근시안적 견해라고 본다. 1940년대의 암흑기를 겪은 세대라면 우리말, 심지어는 우리 성(姓)까지 박탈당해야 했던 수난을 결코 왜곡할 수 없을 것이다. 굳이 지조론(志操論)에서 따진다면 이 당시 문화단체 중에서 정도의 차이는 있겠으나 자의든 타의든 일제에 추종치 않은 단체는 없었으며, 만약 있었다면 그것은 활동 자체를 포기할 수밖에 없었다. 육당(六堂)이나 춘원(春園) 같은 고절한 문인까지도 본의 아니게 뜻을 굽혀야 했는데 하물며 개인도 아닌 단체가 현실을 전혀 배제할 수는 없었던 것이다. 이런 상황 속에서 현대극장은 명분만의 침묵보다 차라리 멍에를 멘 행동을 택해 망각 시대를 이어준 한줄기 맥(脈)이었다고 생각된다.[99]

동랑은 극단을 만들고 나서 곧바로 창립공연 작품을 쓰기 시작해 첫 번째 작품으로 『흑룡강』을 완성했다. 이 작품은 동랑이 한국인의 대륙적 기백을 묘사해 보려고 구상했던 작품이었다. 그러나 결과적으로 일본이 요구한 분촌정책을 합리화한 작품이 되고 말았다. 이에 대한 동랑의 말을 들어보자.

일찍이 만주는 우리 민족의 땅이고, 고구려 시대 당시 우리의 기상이 뻗쳤던 곳이기 때문에 우리 민족의 웅혼한 대륙적 기질에 다이내믹한 박진력을 살려 승화시킨 낭만을 추구해보려 한 것이었다. 마침 만주에는 우리 농민들이 쫓겨 가 살고 있었기 때문에 그들의 절박하면서도 야성적인 면을 묘사해 보려 한 것인데, 거꾸로 일본 군국주의의 신체제를 찬양하는 내용으로 오해되는 고민은 말할 수 없었다. 당시 철두철미 속박된 속에서 저들의 나팔에 놀아나는 생명 없는 가화(假花)를 날려야 되는 슬픈 피에로로 전락한 것이다.[100]

『흑룡강(유치진 작, 주영섭 연출)』은 1941년 6월 6일부터 사흘간 부민관에서 공연을 올려 9,240명의 관객이 입장하는 성황을 이루었다. 그러나 『흑룡강』 공연 이후 동랑은 거리로 다니는 것을 꺼려했다. 누군가 자신을 향해 손가락질 할 것 같은 느낌이 들었기 때문이었다. 만주 순회공연에서도 『흑룡강』을 공연했는데 둘째 날부터 관객이 오지 않았다. 첫째 날 공연을 구경한 사람들이 신체제 분촌정책에 배신감을 느껴 다른 사람들에게 공연을 구경하지 말라고 전파한 것이었다. 동랑은 심한 자괴감과 수치심으로 괴로워했다.

일제는 대동아전쟁을 일으키면서 문화선전에 혈안이 되어 있었다. 총독부는 현대극장에게 '이동연극대'를 만들라고 명령했고, 결국 '국민총력 조선연맹 이동연극대'라는 것이 만들어졌다. 이동연극대는 전국의 농어촌을 순회공연하면서 신체제 의식을 고취시킨다며 온 힘을 다 썼다. 동랑은 현대극장의 두 번째 창작극 공연을 염두에 두고 작품을 썼으며, 생애 가장 수치스런 작품인 『북진대(주영섭 연출)』를 완성했다. 『북진대』는 이용구의 친일 이야기로 노·일 전쟁 때 일본에 협력한 이야기였다. 동랑은 스스로 고백한 것처럼 "나는 이때 이미 제정신 속에 산 것 같지 않았다. 무엇에 덮어씌운 것 같은 미망 속에서 헤매고 있었다."고 말했다. 『북진대』는 1942년 4월 4일부터 7일까지 부민관에서 공연됐다.[101]

동랑은 자신이 쓴 희곡 『대추나무(서항석 연출)』를 가리켜 셰익스피어의 『로미오와 줄리엣』을 한국판으로 쓴 것이라 했다. 대추나무를 사이에 둔 두 집안의 이야기였기 때문이다. 동랑은 『대추나무』를 통해 『흑룡강』에서처럼 우리 민족의 개척정신을 나름대로 묘사해 보려고 했다. 하지만 어쨌든 한 집안이 만주로 떠났으므로 일제가 식민지 정책으로 삼은 분촌운동에 입각한 작품임은 틀림없었다. 그런데 이 작품이 결정적으로 신체제 연극으로 비칠 수밖에 없었던 것은 총독부가 후원한 '조선연극문화협회 주최 제1회 연극경연대회'에서 작품상을 받았기 때문이다. 당시 조선연극협회의 상무이사였던 김관수는 『대추나무』에 대해 「경향신문」에 다음과 같은 글을 기고했다.

필자가 기억하기에 당시 『대추나무』는 친일성을 띠었다거나 반민족적인 성질의 작품이었다고는 해석되지 않았던 것이다. 동작품의 이야기는 일제 치하인 조선에서는 살 수 없어 만주로 이민하지 않으면 안 될 광경을 그렸기 때문이다. 그러므로 당시 그 경연대회의 심사위원들은 이 작품이 그네들 일인의 목적하는 바에 대해 아무런 적극성이 없는, 오히려 불온한 사상으로 곡해되기 쉬운 작품이라 하여 수상할 수 없다고들 하였던 것이다. 그러나 그중 한 심사위원(일본인)이 말하길 "『대추나무』는 작품으로서는 우수한 것이 사실이다. 그러니 유 씨를 포섭하기 위해서도 이 작품에 상을 주어야 한다."고 우겨댔다. 그래서 작품상으로 정보과장상을 준 것이다.[102]

그럼 이번에는 자신의 작품 『대추나무』에 대한 동랑의 말을 들어보자.

물론 이 작품의 배면에 일제가 하나의 식민지 정책으로 삼았던 분촌운동의 계시가 깔려있는 것이 사실인 만큼 변명의 여지는 없다고 말할 사람들이 많을 것이다. 나는 어떠한 비판에도 이의를 달지 않을 것이다. 솔직히 말해 일제 말엽 저들의 위협에 끝끝내 버티지 못하고, 당초 내가 연극 운동에 뛰어든 본래의 취지를 잠시나마 잃어버리고 4년여 동안 극단을 운영하면서 세 편의 희곡을 쓰는 등 어지럽게 방황한 것이 나를 평생 괴롭혔다. 나는 내키지 않는 일을 하고 곧바로 자괴감에서 헤어나지 못하곤 했다. 남몰래 흐르는 눈물을 적지 않게 닦아내기도 했다. 그렇기 때문에 나는 이때 쓴 작품들의 원고 뭉치를 곧바로 소각시켰다.[103]

이러한 동랑의 고백 속에는 허약한 예술인으로서의 무기력과 함께 중견 연극인으로서 피할 수 없던 핍박한 처지가 그대로 나타나 있다. 일제 치하 말기 암흑시대에 문인들과는 달리 단 한 사람의 반일연극인이 없었던 것은 이상스러운 일이다. 이와 같이 선구적 극작가 유치진의 굴절 과정은 식민시대 한국연극의 굴절과정 그대로인 것이다. 유치진이 비록 일제 치하 같은 불행한 시기에 처해 어쩔 수 없이 변신의 흠을 남겼다 하더라도 한국연극을 문화운동의 차원으로까지 끌어올린 대표적 연극지도자였음은 아무도 부인하지 못할 것이다.[104]

동랑이 연극을 생업으로 택한 것은 처음부터 식민지 청년으로 시작한 것도 아니고 개인적 영달을 위한 것은 더더욱 아니었다. 오로지 우리 민족과 나라를 위해 뭔가 해야겠다는 사명감에서 비롯된 것이었다. 그 점은 동랑이 대학 시절 아일랜드의 저항적 극작가들, 이를테면 숀 오케이시와 예이츠(Yeats), 씽그(Synge) 등에 심취했으며 졸업논문 역시 「숀 오케이시 연구」를 쓴 사실이 잘 증명해주고 있다. 동랑은 바로 그런 작가들을 타산지석으로 삼아 이 땅에서 연극을 저항의 수단으로 하여 일제와 싸워나가겠다는 결심을 한 것이다.

동랑은 일제의 악랄한 압박 속에서도 창씨개명(創氏改名)만은 끝까지 거부한 유일한 연극인이었다. 동랑이 44년 동안 단 한 번도 한 눈 팔지 않고, 오로지 이 땅의 공연예술 진흥을 위해 온몸을 던졌음에도 불구하고 순전히 일제의 강권에 의해 이루어진 5년간의 실수만을 침소봉대(針小棒大)하여 해석함으로써 동랑이 우리 현대연극사에 남긴 거대한 공로가 폄훼(貶毀)된 것은 사실이다. 이제 이를 재조명할 필요가 있다.

록펠러 재단의 지원 문제

「매일경제신문」과 「동아일보」는 록펠러 재단과 드라마센터의 관계에 대해 다음과 같은 내용의 기사를 게재했다.

록펠러 재단은 카네기 재단과 어깨를 나란히 하고 있는 미국에서 제일 오래된 재단 중 하나다. 1913년 존 D. 록펠러가 설립한 이 재단은 전 세계 인류의 행복증진을 목적으로 설립된 만큼 전 세계를 대상으로 활발한 문화예술 지원 활동을 벌이고 있다.

록펠러 재단은 우리나라와는 인연이 많다. 1980년대까지만 해도 손꼽히는 민간공연장 중 하나인 남산드라마센터도 록펠러재단의 지원으로 건립되었다는 사실을 아는 사람은 많지 않다. 전쟁의 상흔이 채 가시지 않아 변변한 공연장 하나 없던

1958년, 록펠러 재단은 한국에 15,000 달러를 지원해 1962년 남산드라마센터가 설립되는 데 큰 도움을 줬다. 당시 미국 노스캐롤라이나 대학원에 다니던 희곡 작가 이근삼 씨가 록펠러 3세에게 지원을 부탁하는 편지를 쓴 것이 계기가 된 것으로 알려져 있다. 당시 이근삼 씨는 〈미국의 소리(VOA)〉 방송에도 출연, 한국 내의 현황과 상설연극공연장의 필요성을 이야기했는데 방송이 나간 후 록펠러 재단의 디렉터가 한국을 들르겠다는 편지를 보내왔다는 것이다. 그래서 극작가 유치진과의 만남이 이루어졌고, 유치진 씨는 자택과 부동산을 기부했으며 김종필 총리는 장서를, 가야산업과 유한양행, 조흥은행 등은 관객석 의자를 기증해 최초의 민간 인프라가 탄생했다.

－「매일경제신문」, 1999. 10. 14.[105]

정진수 씨 등 일부 연극인들은 "1960년대까지만 해도 이 나라 연극운동의 메카로 자리 잡았던 드라마센터가 현재는 학교교실로 전용되고 있다"며 본래의 취지를 살려 연극공연장으로 개방돼야 한다"고 주장했다. 정 씨에 따르면 드라마센터는 서강대 이근삼 교수 주선으로 마련된 록펠러 재단 기부금 7만 5천 달러 등 1억 2천만 원의 예산으로 1962년 완공됐으며 당시 유치진 씨가 대표이긴 했으나 이광래, 이해랑 씨 등 중견 연극인들이 참여, 운영해왔다고 말했다. 그러나 곧 운영난에 봉착, 유치진 씨가 사재를 털어 관리·유지에 힘썼고, 한때는 재개봉영화관 또는 예식장으로 파행 운영되기도 했다. 이 과정에서 드라마센터가 유 씨의 사유물로 전락했다는 주장이다.

- 「동아일보」, 1989. 7. 3.[106]

동랑은 세계연극기행에서 돌아오자 여행을 후원한 록펠러 재단에 보고서를 작성해 보냈다. 그 보고서에 '연극인을 양성하는 동시에 새로운 연극도 창조하며 연극인들이 한 군데 모일 수 있는 소극장을 짓고 싶다'고 건의했다. 그랬더니 록펠러 재단에서 극장 건립 지원금 10만 달러를 약속했다. 그런데 그 10만 달러는 개인에게 지급되는 것이 아니라 법인에게 지급되는 것이었다. 그래서 동랑은 살고 있던 갈월동 집과 처남(심재홍)의 집 등 가족의 부동산을 기부해 '재단법인 한국연극연구소'를 발족시켰다.

록펠러 재단은 한미재단을 통해 우선 4만 5천 달러를 지급하겠다고 통보해왔다. 그러면서 조건을 달았는데 그것은 극장 부지 확보였다. 만약 극장 부지를 확보하지 못하면 록펠러 재단의 지원 약속은 무효가 되는 급박한 상황이 전개되었다. 동랑은 당시 허정 내각의 문교부 장관인 이병도 박사를 찾아가 남산 중턱의 과학관 자리를 불하(拂下)해 달라고 간청했다. 완고한 국사학자였던 이병도 장관은 한마디로 거절했다. 다음으로 문교부 차관인 이항령 박사를 찾아갔다. 그랬더니 과학관을 지을 만한 부지를 주선해 주면 남산 자리를 내주겠다고 약속했다. 동랑은 이왕직(李王職, 일제가 대한제국을 강제 합병하고 조선을 지배하기 위해 조선왕실을 계승하는 형태로 설치한 기구)의 재산 관리를 맡고 있던 오재경을 찾아가 이왕직 부지와 맞바꾸기로 하고 남산 부지 불하신청을 했다. 결국 파란만장 끝에 남산 부지 9백 80평의 불하가 떨어졌다.

이후 동랑은 극장 설계를 비롯해 매우 많은 일을 했다. 설계는 당시 가장 유명한 건축가인 김중업에게 의뢰해 드디어 극장 건립을 위한 삽질이 시작되었다. 돈은 계속 들어갔고, 록펠러 재단에서 보내준 4만 5천 달러는 기초공사에 모두 들어갔다. 또 록펠러 재단에서 1만 달러는 기자재로 보내주었기 때문에 록펠러 재단으로부터 지원받은 돈은 모두 5만 5천 달러였으나 사실 그 정도의 돈으로는 극장을 완공할 수 없었다. 그나마 록펠러 재단이 추가 지원해주기로 했던 4만 5천 달러는 잡음이 들어가 들어오지 않았다. 그때 5·16 군사정변이 일어났고 정권이 교체됐다. 마침 최고회의에서 재정 담당을 맡았던 유원식 장군이 주선을 해주어 다섯 개 시중 은행으로부터 6천 3백만 원을 대부 받을 수 있었다. 물론 동랑의 전 재산이 저당에 들어간 것이다. 덕분에 극장 건립은 더욱 속도를 낼 수 있게 되었고, 마침내 극장이 완공되었다.

록펠러 재단의 드라마센터 지원에 대한 언론의 기사 내용을 다시 살펴보자. 신문에서는 드라마센터가 '유 씨의 사유물'이라 했는데, 드라마센터는 서울예술대학교를 설립한 '학교법인 동랑예술원'의 소유로 되어있다. 즉 개인 소유가 아니라 학교법인 소유이다. 더구나 학교법인은 서울시와 2008년에 '문화사업' 계약을 체결해 드라마센터를 서울문화재단의 공연장 및 교육장으로 활용하고 있다.

　또 신문에서는 이근삼 교수가 주선해 록펠러 재단의 기부금이 마련된 것처럼 되어 있는데 이는 사실과 다르다. 록펠러 재단의 기부금은 앞서 설명한 것처럼 동랑이 세계여행을 마치고 돌아와 록펠러 재단에 보고서를 제출할 때 극장을 짓고 싶다는 생각을 전했더니 록펠러 재단에서 지원금을 약속한 것이다. 록펠러 재단의 지원이 드라마센터 건립의 계기가 된 것은 사실이나 드라마센터가 록펠러 재단의 지원금만으로 건립된 것은 아니다. 앞서 밝힌 바와 같이 동랑 집안의 모든 재산을 기부해 건립된 것이다.

　아울러 신문에서 언급하고 있는 록펠러 재단의 지원금 액수에도 문제가 있다. 「동아일보」에서는 7만 5천 달러라고 하고, 「매일경제신문」에서는 1만 5천 달러라고 했다. 록펠러 재단이 지원해 준 실제 금액은 기자재를 포함해 정확히 5만 5천 달러다(처음 약속한 지원금은 10만 달러). 이 금액은 당시 우리나라 돈으로 환산하면 715만 원(당시 미화 1달러는 130원)이 된다. 그런데 드라마센터의 총공사비는 1억 2천만 원이 들어갔으니 록펠러 재단의 지원금은 전체의 6%도 안 되는 것이다. 그것을 가지고 드라마센터가 전적으로 록펠러 재단의 지원금으로 건립된 것처럼 주장하는 것은 매우 잘못된 일이다.

유치진에 대한 평가

「유치진 연구」로 박사학위를 받은 한 연극평론가가 있다. 그는 대학 시절 탈춤과 마당극에 매료되어 유치진을 당연히 '극복'되어야 할 대상으로 삼았다. 이유는 서구의 무대극을 한다는 것 자체를 부정의 대상으로 인식하고 있었기 때문이었다. 그러나 그가 대학을 졸업하고 나서 본격적으로 연극사 공부를 하면서 알게 된 유치진은 그저 쉽게 '극복'하고 나설 수 있는 대상이 아님을 깨달았다. 그는 곁길로 빠져 나가지 않은 채 오직 연극인으로서 한평생을 산 유치진의 행적을 하나하나 접할 때마다 작품 몇 편만을 보고 그를 쉽게 결론 내릴 수 없다는 생각을 했다. 유치진에 대해 공부를 하면 할수록 새로운 면이 자꾸 튀어나와 과거에 가지고 있던 유치진의 상이 흐트러지면서 다시 새로운 상이 나타나는 과정을 여러 번 겪었다는 것이다. 그러면서 유치진을 가리켜 "연극을 통해, 또 연극을 위해 살아온 철두철미한 의미에서 '연극인'이라 할 수 있다"고 고백했다. 다음의 글은 그가 동랑 유치진에 대해 쓴 책 머리말에 있는 내용이다.[107]

우리 근대연극사에서 동랑 유치진만큼 커다란 족적을 남긴 연극인도 드물 것이다. 별도의 언급이 필요 없을 만큼 동랑은 희곡작가이면서 동시에 연출가이자 연극비평가로 활약했고, 극단 및 극장의 경영인으로서도 많은 활동과 그에 상응하는 성과를 남긴 분이다. 무엇보다 극작가가 부족한 우리 연극계 현실에서 일찍부터 창작극을 써서 무대에 올림으로써 근대적 희곡과 연극을 이 땅에 정착시킨 선구자다.

문학계간지 「문학사상」은 2005년 4월호 특집으로 탄생 100주년을 맞은 동랑 유치진을 소개했다. 편집자는 '유치진은 극작뿐만 아니라 연출과 연극이론, 비평, 극장 경영, 교육 등 다방면에서 활동을 펼친 인물이다. 그가 한국 근현대 연극사를 대표하는 인물로 자리매김한 것은 다양한 층위의 연극활동을 하면서 늘 선구자적 위치에 서 있었기 때문이다. 그의 문학적 도정은 일제강점기, 해방기, 전쟁기라는 역사적 격변기와 밀접한 연관성을 지닌다. 일제 치하 검열의 벽에 부딪혀 현실 비판의 예봉을 꺾은 그는 리얼리즘에 토대를 둔 로맨티시즘으로 방향을 바꿔 감상과 계몽을 바탕으로 한 대중역사극을 선보였다. 좌우익 대립이 첨예했던 해방 후에는 남한 연극계의 중심인물로 자리매김하며, 근대극이 시작된 이래 최대 숙원이던 민간극장 건립을 이뤄내는 등 한국연극사를 되돌아 볼 때 그의 문학적 공과는 꼭 짚어봐야 할 문제 중 하나다. 탄생 100주년을 맞아 현대사의 명암을 여실히 보여주는 유치진의 삶과 문학을 재조명해 보았다'고 기록했다.[108]

또 「문학사상」에는 동랑에 대한 두 편의 글이 실렸는데, 한 편은 연극평론가인 김성희 교수가 쓴 〈한국연극을 주도해 온 희곡 작가 유치진〉이라는 글이고, 다른 한 편은 서울대 국어교육연구소 윤금순 연구원의 〈대조적 이미지의 무대 - 유치진의 농촌 3부작〉이란 글이다. 다음은 김성희 교수가 발표한 글의 중심내용을 간추린 것이다.

올해로 탄생 100주년을 맞는 동랑 유치진은 극작가라는 한 가지 범주만으로는 규정할 수 없는 전방위적 연극인이다. 연극인으로 본격 활동한 40여 년간 그는 극작, 연출, 연극이론, 비평, 극단 및 극장 경영, 교육 등 다방면에서 커다란 족적을 남기며 걸출한 활동을 펼쳤다. 그가 한국 근현대 연극사를 대표하는 인물로 자리매김 되는 것은 다양한 층위의 연극 활동을 하면서 늘 선구자적 위치와 중심에 서 있었기 때문이다.[109]

희곡을 통해 당대의 '병든 현실'을 지적하고, '조선적 침통

성'을 치열하게 파헤치던 유치진은 1935년 극예술연구회의 8회 공연예정작 『소』가 검열에 걸려 공연을 못하게 되자 현실 비판의 예봉을 꺾고 '리얼리즘을 토대로 한 로맨티시즘'으로 방향을 바꾸게 된다. …… 센티멘털한 '한국판 햄릿'이란 평을 받기도 한 『마의태자』의 주인공처럼 유치진은 일제의 탄압과 강요에 맞서 치열하게 싸우지 못하고 순응의 길을 걸었다. 이는 당시 외부적 상황의 강요가 극심했고, 연극을 하기 위한 불가피한 선택이었다 할지라도 그의 연극 이상이었던 민중극이나 초기의 저항적 리얼리즘의 세계와는 엄청난 괴리가 있는, 자기 부정의 길이었다.[110]

유치진의 작가적 궤적은 한국 현대 희곡사 및 연극사의 흐름과 그대로 일치하며, 그 때문에 한국연극사의 얼굴 혹은 상징으로 일컬어진다. 한국 근대극이 민족운동의 일환으로 싹이 튼 것처럼 유치진의 작가적 출발 또한 동궤의 것이었다. 그의 데뷔작 『토막』에서 『소』에 이르는 초기 작품들은 한국 리얼리즘의 수립을 알리는 이정표가 되었다. …… 또한 유치진은 한국 근대극이 시작된 이래 최대 숙원이던 민간극장 건립을 이루어낸 인물이다. 드라마센터와 동랑 레퍼토리 극단은 1960년대에 고대 그리스극의 이상을 실현한 극장이자 전통극과 현대극의 접목을 꾀한 새로운 실험극이 행해진 연극 혁신의 장이었다. 또 그가 세운 서울예술대학은 극작가 및 연극인 양성에 가장 혁혁한 공을 세우고 있다.[111]

또 연극평론가 유민영은 동랑의 업적을 다음과 같이 네 가지 측면에서 평가했다.[112]

유치진은 창작이나 이론 같은 어느 한 분야에 전념해온 예술인이 아니라 극작과 연출, 이론, 경영, 교육 등 연극의 모든 분야에 걸쳐 폭넓게 활약했기 때문에 문단의 이광수와 비견될 만한 다변치적인 인물이다. 그가 대중에게 근대 한국연극의 상징처럼 인식된 이유는 첫째, 청년시절 연극계에 투신해 연극현장에서 쓰러질 때까지 전 생애를 연극계에 바쳤다는 점. 둘째, 연극 선구자로서의 행동반경이 누구보다도 넓고 다양했던 점이다. 즉, 그는 유명한 연극단체 창립동인으로 출발하여 단역 배우로 무대에 서면서 희곡을 썼고, 다시 창작과 비평을 겸하면서 극단을 경영했으며 해방 후에는 국립극장장과 예총회장, ITI 한국본부위원장 등 각 기관 단체장을 모두 초대로 역임했고, 대통령 선거 고문을 할 정도로 예술계의 지도자 역할을 했다. 셋째, 몇 편의 시나리오까지 합쳐 희곡 작품도 40편이 넘으며 연출 작품은 100여 편에 이르고, 수많은 연극비평과 논문은 근대극 발전의 밑받침이 되었다. 특히 그가 마지막 사업으로 이룩한 드라마센터 건립과 연극학교 설립은 인재양성의 측면에서 획기적 기여를 한 것이었다.[113]

동랑 유치진은 약소민족의 소년답게 조숙해 일찍부터 자신의 일신보다는 민족의 미래를 생각했고, 따라서 대중을 계몽

할 수 있는 연극운동을 일생의 목표로 삼아 실천한 인물이다. 사실 지난 시대에 있어 우리 사회에서 연극인은 천대받는 직업이었고, 가난과 일제의 탄압까지 견뎌내야 했다. 동랑은 바로 그런 험난한 일을 스스로 택해 오로지 '민족사랑'이란 일념으로 자신의 모든 것을 희생해가면서 고난의 길을 헤쳐 왔다. 만약 동랑 유치진과 같은 선각자가 없었다면 한국연극, 더 나아가 우리의 문화예술은 지금처럼 세계와 어깨를 나란히 할 수 없었을 것이다.

주

1) 문덕수,『청마 유치환 평전』, 시문학사, 2004, pp.34~35.

2) 정철,『한국 근대 연출사』, 연극과인간, 2004, p.124.

3) 구승회 외,『한국 아나키즘 100년』, 이학사, 2004, p.249.

4) 한국극예술학회,『유치진』, 연극과인간, 2010, pp.10~11.

5) 오사량,『동랑 유치진 선생과 드라마센터 이야기』, 서울예술대학, 1999, p.17.

6) 차범석,『한국의 소극장 연극사』, 연극과인간, 2004, p.47.

7) 국립중앙극장 공연예술박물관,『공연예술, 시대와 함께 숨쉬다』, 2010, p.84.

8) 유치진,『동랑 유치진 전집 09』, 1993, p.124.

9) 유치진,『동랑 유치진 전집 09』, 1993, p.137.

10) 박영정,『유치진 연극론의 사적 전개』, 태학사, 1997, pp.111~112.

11) 박영정,『유치진 연극론의 사적 전개』, 태학사, 1997, p.165~167.

12) 박영정,『유치진 연극론의 사적 전개』, 태학사, 1997, p.180.

13) 유치진,『동랑 유치진 전집 09』, 서울예대출판부, 1993, p.177.

14) 김동원,『藝에 살다』, 김동원 희수 기념집, 1992, p.48.

15) 유민영,『인생과 연극의 흔적』, 푸른사상, 2012, p.237.

16) 박영정,『유치진 연극론의 사적 전개』, 태학사, 1997, p.231.

17) 유치진,『동랑 유치진 전집 09』, 서울예대출판부, 1993, pp.253~254.

18) 김숙현,『드라마센터의 연출가들』, 현대미학사, 2005, p.36.

19) 유민영,『이해랑 평전』, 태학사, 1999, p.321.

20) 오사량,『동랑 유치진 선생과 드라마센터 이야기』, 서울예술대학, 1999, p.46.

21) 유민영,『이해랑 평전』, 태학사, 1999, p.324.

22) 유치진,『동랑 유치진 전집 09』, 서울예대출판부, 1993, p.294.

23) 국립중앙극장 공연예술박물관, 『공연예술, 시대와 함께 숨쉬다』, 2010 p.101.

24) 김숙현, 『드라마센터의 연출가들』, 현대미학사, 2005, p.253.

25) 오사량, 『동랑 유치진 선생과 드라마센터 이야기』, 서울예술대학, 1999, p.80.

26) 유치진, 『동랑 유치진 전집 09』, 서울예대출판부, 1993, p.309.

27) 박영정, 『유치진 연극론의 사적 전개』, 태학사, 1997, p.81.

28) 박영정, 『유치진 연극론의 사적 전개』, 태학사, 1997, p.63.

29) 유치진, 『동랑 유치진 전집 09』, 서울예대출판부, 1993, p.100.

30) 유치진, 『동랑 유치진 전집 09』, 서울예대출판부, 1993, p.102.

31) 차범석, 『한국의 소극장 연극사』, 연극과인간, 2004, pp.59~60.

32) 유민영, 『한국인물연극사 02』, 태학사, 2006, pp.67~68.

33) 유민영, 『한국인물연극사 02』, 태학사, 2006, p.69.

34) 박영정, 『유치진 연극론의 사적 전개』, 태학사, 1997, p.57.

35) 정철, 『한국 근대 연출사』, 연극과인간, 2004, p.123.

36) 유치진, 『동랑 유치진 전집 09』, 서울예대출판부, 1993, p.107.

37) 유치진, 『동랑 유치진 전집 09』, 서울예대출판부, 1993, p.111.

38) 박영정, 『유치진 연극론의 사적 전개』, 태학사, 1997, pp.60~61

39) 정철, 『한국 근대 연출사』, 연극과인간, 2004, p.123.

40) 박영정, 『유치진 연극론의 사적 전개』, 태학사, 1997, pp.57~58.

41) 유민영, 『이해랑 평전』, 태학사, 1999, pp.249~250.

42) 김남석, 『한국의 연출가들』, 살림출판사, 2004, p.16.

43) 유민영, 『인생과 연극의 흔적』, 푸른사상, 2012, p.237.

44) 국립중앙극장 공연예술박물관, 『공연예술, 시대와 함께 숨쉬다』, 2010, pp.88~89.

45) 유민영, 『이해랑 평전』, 태학사, 1999, p.247.

46) 국립중앙극장 공연예술박물관, 『공연예술, 시대와 함께 숨쉬다』, 2010, p.92.

47) 김남석, 『한국의 연출가들』, 살림출판사, 2004, p.93.

48) 이상우, 『근대극의 풍경』, 연극과인간, 2004, p.119.

49) 이상우, 『근대극의 풍경』, 연극과인간, 2004, p.142.

50) 이상우, 『근대극의 풍경』, 연극과인간, 2004, p.122.

51) 오사량, 『동랑 유치진 선생과 드라마센터 이야기』, 서울예술대학, 1999, pp.21~22.

52) 오사량, 『동랑 유치진 선생과 드라마센터 이야기』, 서울예술대학, 1999, p.75.

53) 차범석, 『한국의 소극장 연극사』, 연극과인간, 2004, p.260.

54) 한국연극협회, 『한국현대연극 100년』, 연극과인간, 2009. p.373.

55) 유민영, 『인생과 연극의 흔적』, 푸른사상, 2012, pp.138~139.

56) 유민영, 『이해랑 평전』, 태학사, 1999, p.89.

57) 유민영, 『이해랑 평전』, 태학사, 1999, p.328, pp.486~489.

58) 유민영, 『이해랑 평전』, 태학사, 1999, p.336.

59) 한국연극협회, 『한국현대연극 100년』, 연극과인간, 2009. p.579.

60) 유민영, 『인생과 연극의 흔적』, 푸른사상, 2012, p.165.

61) 차범석, 『예술가의 삶 06』, 혜화당, 1993, pp.144~146.

62) 차범석, 『예술가의 삶 06』, 혜화당, 1993, pp.146~147.

63) 차범석, 『예술가의 삶 06』, 혜화당, 1993, pp.148~149.

64) 차범석, 『예술가의 삶 06』, 혜화당, 1993, pp.149~150.

65) 차범석, 『예술가의 삶 06』, 혜화당, 1993, p.150.

66) 여석기, 『나의 삶, 나의 학문, 나의 연극』, 연극과인간, 2013, p.263.

67) 여석기, 『나의 삶, 나의 학문, 나의 연극』, 연극과인간, 2013, p.263.

68) 여석기, 『나의 삶, 나의 학문, 나의 연극』, 연극과인간, 2013, pp.354~355.

69) 여석기, 『나의 삶, 나의 학문, 나의 연극』, 연극과인간, 2013, pp.360.

70) 여석기, 『나의 삶, 나의 학문, 나의 연극』, 연극과인간, 2013, pp.356~359.

71) 여석기, 『나의 삶, 나의 학문, 나의 연극』, 연극과인간, 2013, p.350.

72) 여석기, 『나의 삶, 나의 학문, 나의 연극』, 연극과인간, 2013, p.356.

73) 여석기, 『나의 삶, 나의 학문, 나의 연극』, 연극과인간, 2013, p.351.

74) 차범석, 『한국의 소극장 연극사』, 연극과인간, 2004, p.262.

75) 국립중앙극장 공연예술박물관, 『공연예술, 시대와 함께 숨쉬다』, 2010, p.148.

76) http://blog.naver.com/justinceo

77) 차범석, 『한국의 소극장 연극사』, 연극과인간, 2004, p.262.

78) 차범석, 『한국의 소극장 연극사』, 연극과인간, 2004, pp.263~264.

79) "유세형, 포크싱어즈", 「동아일보」, 1963. 7. 11.

80) 김숙현, 『드라마센터의 연출가들』, 현대미학사, 2005, pp.85~86.

81) 안민수, 『배우수련』, 헤르메스미디어, 2009.

82) 국립중앙극장 공연예술박물관, 『공연예술, 시대와 함께 숨쉬다』, 2010, p.151.

83)~84) 서울예술대 개교 50주년 좌담회 자료, 서울예술대 남산드라마센터 심재순관 302호, 2010. 11. 8.

85) 서울예술대학, 교양특강 〈예술탐험〉 강연집, 2004, pp.74~75.

86)~92) 서울예술대 개교 50주년 좌담회 자료, 서울예술대 남산드라마센터 심재순관 302호, 2010. 11. 8.

93) 장원재 정리, 『오태석 연극: 실험과 도전의 40년』, 연극과인간, 2002, pp.54~55.

94)~96) 서울예술대 개교 50주년 좌담회 자료, 서울예술대 남산드라마센터 심재순관 302호, 2010. 11. 8.

97) 민족문제연구소, 『친일인명사전-인명편2』, 2009, pp.633~636.

98) 유민영, 『이해랑 평전』, 태학사, 1999, p.154.

99) "이해랑, 예술에 살다", 「일간스포츠」, 1978. 5. 27.

100) 유치진, 『동랑 유치진 전집 09』, 서울예대출판부, 1993, pp.159~160.

101) 박영정,『유치진 연극론의 사적 전개』, 태학사, 1997, p.181.

102) 「경향신문」, 1957. 12. 20.

103) 유치진, 『동랑 유치진 전집 09』, 서울예대출판부, 1993, pp.161~162.

104) 한국극예술학회,『유치진』, 연극과인간, 2010, p.36.

105) "기업메세나로 성공한 기업들 문화마케팅으로 이미지 쇄신", 「매일경제신문」, 1999. 10. 14.

106) "연극계서 남산 드라마센터 공연장 활용 주장",「동아일보」, 1989. 7. 3.

107) 박영정,『유치진 연극론의 사적 전개』, 태학사, 1997, pp.5~6

108) 「문학사상」, 2005. 4월호, p.113.

109) 「문학사상」, 2005. 4월호, p.114.

110) 「문학사상」, 2005. 4월호, pp.115~116.

111) 「문학사상」, 2005. 4월호, p.118.

112) 정철,『한국 근대 연출사』, 연극과인간, 2004, p.135.

113) 유민영,『전통극과 현대극』, 연극과인간, 1984, pp.206~207.

한국예술의 큰 별 **동랑 유치진**

펴낸날	**초판 1쇄 2013년 3월 27일**

지은이	**백형찬**
펴낸이	**심만수**
펴낸곳	**(주)살림출판사**
출판등록	**1989년 11월 1일 제9-210호**

주소	**경기도 파주시 문발동 522-1**
전화	**031-955-1350 팩스 031-955-1355**
기획 · 편집	**031-955-4662**
홈페이지	http://www.sallimbooks.com
이메일	book@sallimbooks.com

ISBN	978-89-522-2376-0 04080

※ 값은 뒤표지에 있습니다.
※ 잘못 만들어진 책은 구입하신 서점에서 바꾸어 드립니다.

책임편집 **최진**

〈이 책은 2012학년도 서울예술대학교 연구비 지원에 의해 발간되었습니다.〉